90 DAYS DIET NOTEBOOK

90日つけるだけ

健康ダイエットノート

メモするだけでやせる!
体調がよくなる!

医学博士・
健康科学アドバイザー
福田千晶

永岡書店

健康ダイエットは、幸せな人生を送るためのパスポート

「やせたいなー」が口グセになっていませんか?
ダイエットは、期間や目標を決めて行動に起こさなければ成功しません。
このノートは、あなたのダイエットを成功に導くサポーターです。
太った原因はなんですか?
産後太り、ストレスによる食べすぎ、運動不足や加齢などがあげられるでしょう。
やせたい理由はなんですか?
洋服をオシャレに着こなしたい、見た目を変えて若返りたい、
健康になりたいなど、人それぞれでしょう。
90日間、このノートをつけるだけで、あなたの生活は確実に変化します。
そして、自然と体重は減っていくでしょう。
健康ダイエットは、いつまでも元気で幸せな人生を送るためのパスポート。
さあ、このノートを手にとった今日から、ダイエットをスタートしましょう。

\ スタート! /

90日間で
あなたの体は
必ず変わる!

1カ月目

まずは3kg減を目標にスタート。おなかまわりがだんだんすっきりして、日常生活の動作も楽になる!

2カ月目

食生活も規則正しくなり、きつかったスカートが楽にはけるようになるなどのダイエット効果を実感!

3カ月目

血圧や血糖値などの数値もよくなり、体調が改善。体の変化に伴って、仕事も生活も大好転!

*本書では便宜上、90日=3カ月としています。

あなたの体に起こる うれしい健康効果とは

体への関心が高まり、ダイエット効果がアップ

毎日の体重の変化、気分や体調、生理日などを記録することで、今の自分の心身の状態がリアルに感じられます。体への関心が高まることで、ただ体重を減らすだけでなく、健康的にやせる意識が高まって、ダイエット効果がよりいっそうアップします。

自分の食べグセがわかり、食生活が自然と改善する

１日の食事内容と時間を記入することで、食べすぎや偏食などに気づかされ、自分の食生活のクセや傾向が見えてきます。すると、炭水化物のとりすぎに注意しようとか、間食やアルコールをとる回数を減らそうなど、食生活が自然と改善していきます。

運動への意識が高まり、活動量が自然と増える

歩いた時間や運動した内容を記録すると、１日の活動量が見えてきます。自分の運動傾向を知ることで消費カロリーへの意識が高まり、階段を利用したり、家の掃除をしたりするなど、こまめに体を動かす習慣が身につきます。

不眠・肩こり・便秘など不快症状も改善する

健康的にダイエットすることで、熟睡できたり、肩こりや腰痛、便秘などの不快症状が改善していきます。体調面での変化に気づくことでセルフケアの意識が高まり、血圧や血糖値など健康診断の検査値も改善の兆しが見えてきます。

【このノートの使い方】

まずは、日にちを書き込みましょう。天気と気分は丸で囲んで。

各項目を記入すると、自分の体のクセがわかります。病院の受診や病気の予防にも活用できます。

食事の内容と時間を記入していくと、自分の食生活や食べグセが見えてきます。間食は、ジュース１本、ガム１粒など、細かく書き出すのがおすすめ。

家事も立派な運動。スポーツ以外にも、日常的に体を使ったことを記入して、消費カロリーを増やす努力をしましょう。

10 月　3 日（月）　天気 　気分 

体の記録

朝（ 7：10 ）54.0 kg　28 %
夜（ 23：20 ）54.6 kg　30 %

体温　36.8 ℃
生理から（ 26 ）日目・生理中
お通じ　あり（　）回・なし
睡眠　8 時間（23:00～7:00）

食事

朝食（ 7：20 ）
バナナ１本、牛乳

昼食（ 12：00 ）
サンドイッチ２切れ、野菜ジュース

夕食（ 18：30 ）
焼き鳥４本、大根サラダ、枝豆、
から揚げ３個、バニラアイス、
生ビール１杯、カシスオレンジ２杯

間食（　：　）
なし

がんばったところ
・駅まで 15 分間歩いた！
・間食をガマンした

だめだったところ
夕食をつい食べすぎてしまった

メモ
18:00
駅前で待ち合わせ

運動など

通勤（朝は駅まで歩いた）

ごはん茶碗を子ども用にして、１膳分のカロリーや糖質を抑えよう

特別付録　90日ダイエットシート

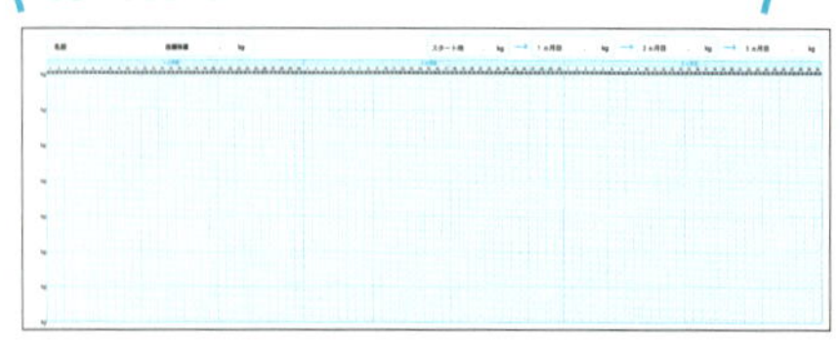

３カ月の体重変化を折れ線グラフに記録すると、ひと目で変化がわかり、脳にインプット！　知らぬ間に、やせるイメージができあがります。冷蔵庫の扉など、毎日目にする場所に貼ると、ダイエット効果がアップします。

1日1ページ、食事、運動、体調などを記録しましょう！
体重は、毎日同じ時間に測ると効果的です。

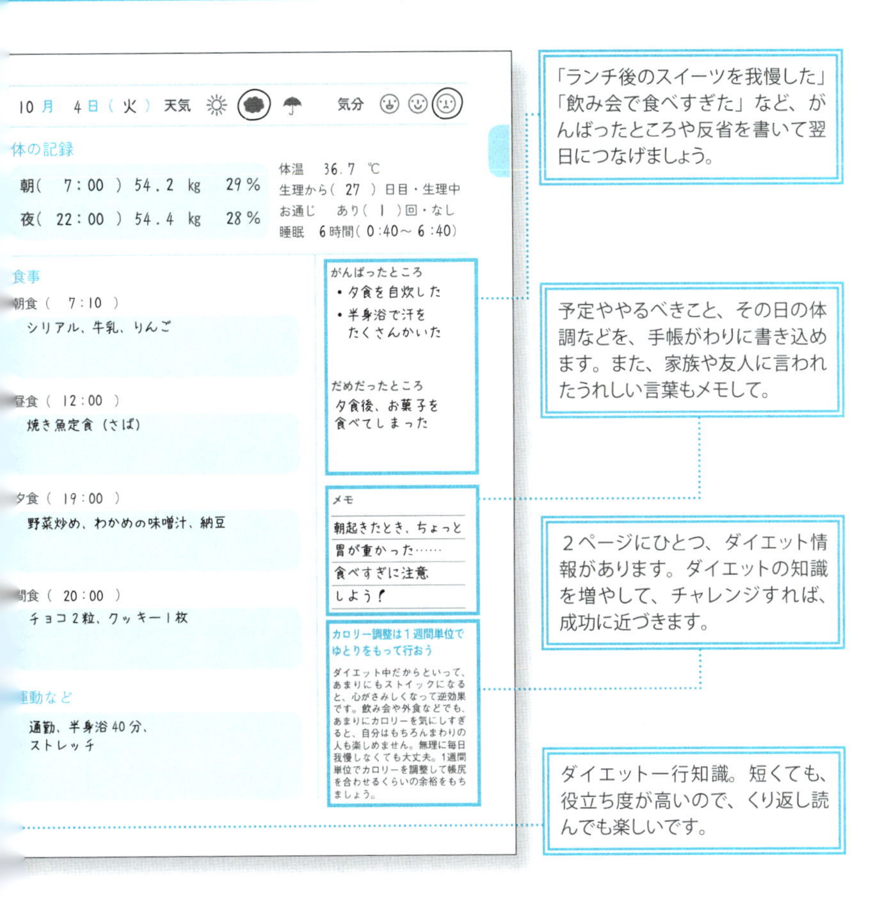

巻末もチェック！

巻末には、ダイエットお役立ち情報が満載です。外食カロリー表は、ランチ前にチェック！ほかにも手軽にできる運動や日常生活の消費カロリー表を収載しました。春夏秋冬のダイエットの落とし穴や女性ならではの生理とダイエットの関係などもお見逃しなく！

今のボディサイズを測ろう

スタートする前に、体重やボディサイズを知っておきましょう。
これからの90日でどう変わるかは、あなたのがんばり次第です。

記入日　　　月　　　日

バスト　　　cm
▶一番高いところ

二の腕　　　cm
▶肩からひじまでの半分のところ

ウエスト　　　cm
▶おへその周囲

ヒップ　　　cm
▶一番太いところ

太もも　　　cm
▶腰骨の上部からひざまでの半分のところ

ふくらはぎ　　　cm
▶一番太いところ

身長　　　cm

体重	.	kg
体脂肪率		%
BMI		
美容体重	.	kg

メモ

BMIで肥満度をチェック!

BMI（ボディ・マス・インデックス）は、体重と身長の関係から算出される、肥満度を表す指数です。25以上だと高血圧症や糖尿病などの生活習慣病になるリスクが高くなるので、「ふつう」を目指したいところ。ちなみに22は、一番病気になりにくい数値といわれています。

体重 [　　] kg ÷ 身長 [　　] m ÷ 身長 [　　] m ＝ BMI [　　]

例）身長165cm、体重58kg の人の場合　58kg ÷1.65m ÷1.65m ≒21.3

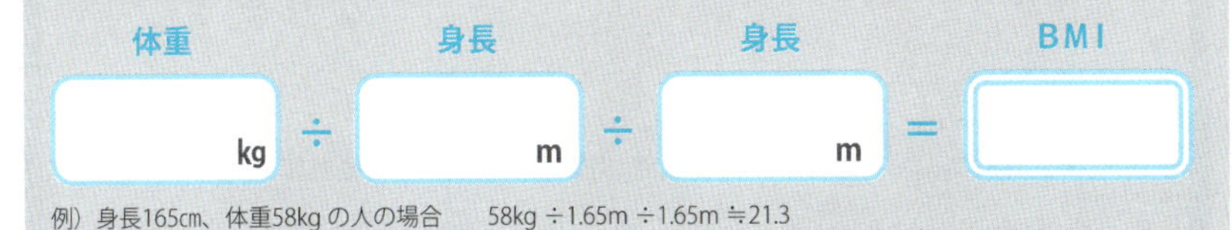

あなたの美容体重は?

BMI 値は、「ふつう」の範囲内なら、20以下でも健康面に支障はありません。キレイを求める人は、美容体重を目標にしてみては？　BMI を20に設定して、あなたの美容体重を計算してみましょう。

例）身長165cmの人の場合　1.65m ×1.65m ×20≒54.5kg

健康ダイエット宣言

私は３カ月で　　kg を目指して

　　kg ダイエットします。

そして、

　　なります。

例）憧れのワンピースを着こなせる体型に／活動的で疲れにくい体に

そのために、これから毎日
このダイエットノートを欠かさず記入します。

年　　月　　日

名前

目標体重を目指して、90日のスタートです！

1～30日

1カ月目

今月の目標

月　　日（　　）天気 ☼ ☁ ☂ 　気分 ☺ ☺ ☹

体の記録

朝（　：　）　．　kg　%

夜（　：　）　．　kg　%

体温　　．　℃

生理から（　　）日目・生理中

お通じ　あり（　　）回・なし

睡眠　時間（　：　～　：　）

食事

朝食（　：　）

昼食（　：　）

夕食（　：　）

間食（　：　）

運動など

がんばったところ

だめだったところ

メモ

ごはん茶碗を子ども用にして、1膳分のカロリーや糖質を抑えよう

月　日（　）天気　気分

体の記録

朝（　：　）　.　kg　%

夜（　：　）　.　kg　%

体温　.　℃

生理から（　）日目・生理中

お通じ　あり（　）回・なし

睡眠　時間（　：　～　：　）

食事

朝食（　：　）

昼食（　：　）

夕食（　：　）

間食（　：　）

運動など

がんばったところ

だめだったところ

メモ

カロリー調整は1週間単位でゆとりをもって行おう

ダイエット中だからといって、あまりにもストイックになると、心がさみしくなって逆効果です。飲み会や外食などでも、あまりにカロリーを気にしすぎると、自分はもちろんまわりの人も楽しめません。無理に毎日我慢しなくても大丈夫。1週間単位でカロリーを調整して帳尻を合わせるくらいの余裕をもちましょう。

月　日（　）天気

気分

体の記録

朝（　：　）　.　kg　%

夜（　：　）　.　kg　%

体温　.　℃

生理から（　）日目・生理中

お通じ　あり（　）回・なし

睡眠　時間（　：　～　：　）

食事

朝食（　：　）

昼食（　：　）

夕食（　：　）

間食（　：　）

運動など

がんばったところ

だめだったところ

メモ

ハンバーガー、ラーメン、丼物などの単品よりセットメニューや定食を選ぼう

月　日（　）天気　☼　☁　☂　気分　☺　☺　☹

体の記録

朝（　：　）　.　kg　%

夜（　：　）　.　kg　%

体温　.　℃

生理から（　）日目・生理中

お通じ　あり（　）回・なし

睡眠　時間（　：　〜　：　）

食事

朝食（　：　）

昼食（　：　）

夕食（　：　）

間食（　：　）

運動など

がんばったところ

だめだったところ

メモ

食事は30分から1時間以内ですませるのがベストペース

食べものが消化吸収されて、脳の満腹中枢を刺激するまでの時間は、15分から20分ぐらい。早食いだと、満腹を感じる前に食べすぎてしまい、だらだらと食べると、先に食べたものが消化され、さらに食べてしまうことに。結局どちらも食べすぎにつながってしまいます。食事は、30分から、ゆっくり楽しむ夕食でも1時間以内ですませて。

月　日（　）天気 ☀ ☁ ☂　気分 ☺ ☺ ☹

体の記録

朝（　：　）　.　kg　%

夜（　：　）　.　kg　%

体温　.　℃

生理から（　）日目・生理中

お通じ　あり（　）回・なし

睡眠　時間（　：　〜　：　）

食事

朝食（　：　）

昼食（　：　）

夕食（　：　）

間食（　：　）

運動など

がんばったところ

だめだったところ

メモ

どっちを選ぶ？　揚げ物入りのり弁当816kcal、紅鮭弁当539kcal

月　日（　）天気　☀　☁　☂　気分

体の記録

朝（　：　）　.　kg　%

夜（　：　）　.　kg　%

体温　.　℃

生理から（　）日目・生理中

お通じ　あり（　）回・なし

睡眠　時間（　：　～　：　）

食事

朝食（　：　）

昼食（　：　）

夕食（　：　）

間食（　：　）

運動など

がんばったところ

だめだったところ

メモ

睡眠時間は断食タイム 夜更かしせず早めにベッドへ

睡眠中のカロリー消費量は、昼間に比べて少ないのは当たり前。でも、寝ている間は、飲食しない分、摂取カロリーはゼロです。睡眠時間を断食タイムと心得て、早めにベッドに向かいましょう。夜更かしをやめると、遅い時間に食べることもなくなって、ダイエットにとってはいいことずくめです。

月　　日（　　）天気　☼　☁　☂　　気分　☺　☺　☹

体の記録

朝（　　：　　）　　.　kg　　%

夜（　　：　　）　　.　kg　　%

体温　　　.　℃

生理から（　　）日目・生理中

お通じ　　あり（　　）回・なし

睡眠　　時間（　：　～　：　）

食事

朝食（　　：　　）

昼食（　　：　　）

夕食（　　：　　）

間食（　　：　　）

運動など

がんばったところ

だめだったところ

メモ

「ひと口分残し」をクセにすると、腹八分目が自然と身につく

月　日（　）天気　☼　☁　☂　気分

体の記録

朝（　：　）　.　kg　%

夜（　：　）　.　kg　%

体温　.　℃

生理から（　）日目・生理中

お通じ　あり（　）回・なし

睡眠　時間（　：　～　：　）

食事

朝食（　：　）

昼食（　：　）

夕食（　：　）

間食（　：　）

運動など

がんばったところ

だめだったところ

メモ

ダイエット中はピッタリ服でボディラインに敏感になろう

体型を隠すために、ルーズフィットな服を選んでいませんか？だぼだぼ服だと食べすぎても苦しくないし、太ったことにも気づきません。ピッタリ服のほうがボディラインをチェックしやすく、食べすぎにも気づきやすいのです。せめて、ダイエット中は、ウエストはゴムではなくベルト式にしましょう。

月　　日（　　）天気　☀　☁　☂　　気分

体の記録

朝（　：　）　．　kg　　%

夜（　：　）　．　kg　　%

体温　　．　℃

生理から（　　）日目・生理中

お通じ　あり（　　）回・なし

睡眠　時間（　：　〜　：　）

食事

朝食（　：　）

昼食（　：　）

夕食（　：　）

間食（　：　）

運動など

がんばったところ

だめだったところ

メモ

どっちを選ぶ？ 五目チャーハン602kcal、五目炊き込みごはん234kcal

月　日（　）天気 ☀ ☁ ☂　気分 ☺ ☺ ☹

体の記録

朝（　：　）　.　kg　%

夜（　：　）　.　kg　%

体温　.　℃

生理から（　）日目・生理中

お通じ　あり（　）回・なし

睡眠　時間（　：　〜　：　）

食事

朝食（　：　）

昼食（　：　）

夕食（　：　）

間食（　：　）

運動など

がんばったところ

だめだったところ

メモ

基礎代謝をアップして太りにくい体にチェンジ

基礎代謝は、体の機能を維持するために必要な最低限のカロリー。18歳をピークに低下するため、若い頃と同じような食生活をしていると、太ってしまうことに。逆に、基礎代謝を高くキープできれば、太りにくい体をつくれます。基礎代謝アップのためには日常の活動量を高めたり、運動を行って筋肉量を増やすことがいちばんです。

月　日（　）天気　気分

体の記録

朝（　:　）　.　kg　%

夜（　:　）　.　kg　%

体温　.　℃

生理から（　）日目・生理中

お通じ　あり（　）回・なし

睡眠　時間（　:　〜　:　）

食事

朝食（　:　）

昼食（　:　）

夕食（　:　）

間食（　:　）

運動など

がんばったところ

だめだったところ

メモ

どっちを選ぶ？　ハンバーグ348kcal、ピーマンの肉詰め208kcal

月　日（　）天気　気分

体の記録

朝（　：　）　.　kg　%

夜（　：　）　.　kg　%

体温　.　℃

生理から（　）日目・生理中

お通じ　あり（　）回・なし

睡眠　時間（　：　～　：　）

食事

朝食（　：　）

昼食（　：　）

夕食（　：　）

間食（　：　）

運動など

がんばったところ

だめだったところ

メモ

食べたカロリー以上に、消費すればダイエット成功！

健康的なダイエットのポイントは、「摂取カロリー」よりも「消費カロリー」を多くすること。カロリーとは「熱量」。つまり、脂肪や糖分などのエネルギーをたくさん燃やして熱を生み、カロリーを多く消費すればいいのです。食べたもののカロリーより、消費したカロリーが上回れば、ダイエットは実現！

月　日（　）天気　気分

体の記録

朝（　：　）　.　kg　%
夜（　：　）　.　kg　%

体温　.　℃
生理から（　）日目・生理中
お通じ　あり（　）回・なし
睡眠　時間（　：　〜　：　）

食事

朝食（　：　）

昼食（　：　）

夕食（　：　）

間食（　：　）

運動など

がんばったところ

だめだったところ

メモ

空腹状態で買い物をすると、ついつい買いすぎてしまうから要注意！

月　日（　）天気 ☀ ☁ ☂　気分

体の記録

朝（　：　）　.　kg　%

夜（　：　）　.　kg　%

体温　.　℃

生理から（　）日目・生理中

お通じ　あり（　）回・なし

睡眠　時間（　：　～　：　）

食事

朝食（　：　）

昼食（　：　）

夕食（　：　）

間食（　：　）

運動など

がんばったところ

だめだったところ

メモ

食物繊維で腸内を刺激して、おなかすっきりウエストやせ

便秘がちな人は「ぽっこりおなか」になりやすいもの。そんな人は積極的に食物繊維をとりましょう。食物繊維はごぼう、セロリ、さつまいも、こんにゃく、海藻などに豊富。脂肪や糖質の吸収を遅らせる働きがあるうえ、腸内環境を整えて便秘を解消する効果があります。バナナやキウイも食物繊維豊富なので、朝食に適量を加えても◎。

月　日（　）天気 ☀ ☁ ☂　気分

体の記録

朝（　：　）　.　kg　%

夜（　：　）　.　kg　%

体温　.　℃

生理から（　）日目・生理中

お通じ　あり（　）回・なし

睡眠　時間（　：　～　：　）

食事

朝食（　：　）

昼食（　：　）

夕食（　：　）

間食（　：　）

運動など

がんばったところ

だめだったところ

メモ

ピザの生地は、パンタイプよりもクリスピータイプのほうが低カロリー

月　日（　）天気 ☼ ☁ ☂　気分

体の記録

朝（　：　）　.　kg　%
夜（　：　）　.　kg　%

体温　.　℃
生理から（　）日目・生理中
お通じ　あり（　）回・なし
睡眠　時間（　：　〜　：　）

食事

朝食（　：　）

昼食（　：　）

夕食（　：　）

間食（　：　）

運動など

がんばったところ

だめだったところ

メモ

低カロリーのものから食べる「食べ順」で食べすぎ防止

太らないための「食べ順」を知っていますか？　①汁物②野菜類③ごはんと肉や魚。このように水分が多く、カロリーの低いものから食べると、食べすぎ防止になるのです。とくに、野菜を先に食べることが肝心。野菜は、サラダよりもお浸しや煮物にするほうが食べ応えがあって、ごはんや脂肪の量をセーブできます。

月　日（　）天気 ☼ ☁ ☂　気分

体の記録

朝（　：　）　．　kg　%

夜（　：　）　．　kg　%

体温　．　℃

生理から（　）日目・生理中

お通じ　あり（　）回・なし

睡眠　時間（　：　～　：　）

食事

朝食（　：　）

昼食（　：　）

夕食（　：　）

間食（　：　）

運動など

がんばったところ

だめだったところ

メモ

どっちを選ぶ？　カルボナーラ866kcal、和風きのこスパ500kcal

月　　日（　　）天気　☀　☁　☂　　気分

体の記録

朝（　：　）　.　kg　%
夜（　：　）　.　kg　%

体温　　.　℃
生理から（　　）日目・生理中
お通じ　あり（　　）回・なし
睡眠　時間（　：　〜　：　）

食事

朝食（　：　）

昼食（　：　）

夕食（　：　）

間食（　：　）

運動など

がんばったところ

だめだったところ

メモ

「なんちゃって腹筋」でながらおなかやせ

腹筋運動というと、苦しいイメージがありませんか？　でも、「なんちゃって腹筋」なら簡単で楽ちん。仰向けに寝て、腕を頭の後ろに組んで、自分のおへそをのぞきこむ程度に上体を上げるだけ。これならテレビを見ながらでもできます。毎日習慣にして、ぺたんこおなかを目指しましょう。

月　　日（　　）天気 ☼ ☁ ☂　　気分 ☺ ☺ ☹

体の記録

朝（　：　）　.　kg　%

夜（　：　）　.　kg　%

体温　　.　℃

生理から（　　）日目・生理中

お通じ　あり（　　）回・なし

睡眠　時間（　：　〜　：　）

食事

朝食（　：　）

昼食（　：　）

夕食（　：　）

間食（　：　）

運動など

がんばったところ

だめだったところ

メモ

知ってた？　とんかつよりひと口かつのほうが衣が多い分だけ高カロリー

月　日（　）天気　気分

体の記録

朝（　：　）　.　kg　%

夜（　：　）　.　kg　%

体温　.　℃

生理から（　）日目・生理中

お通じ　あり（　）回・なし

睡眠　時間（　：　～　：　）

食事

朝食（　：　）

昼食（　：　）

夕食（　：　）

間食（　：　）

運動など

がんばったところ

だめだったところ

メモ

運動で筋肉量を維持して やせやすい体をキープしよう

1回の運動で消費するカロリーはさほど多くありません。でも、運動をして体に筋肉がつくと、基礎代謝がアップします。普段から体を動かして筋肉量を維持していれば、カロリーを消費しやすい、やせやすい体になります。一方、運動をしないで食事量を減らすダイエットは、リバウンドしやすいので注意して。

月　日（　）天気　気分

体の記録

朝（　：　）　.　kg　%

夜（　：　）　.　kg　%

体温　.　℃

生理から（　）日目・生理中

お通じ　あり（　）回・なし

睡眠　時間（　：　〜　：　）

食事

朝食（　：　）

昼食（　：　）

夕食（　：　）

間食（　：　）

運動など

がんばったところ

だめだったところ

メモ

1日の摂取カロリーの目標は体重×25kcal、運動量の多い人は体重×30kcal

月　日（　）天気　気分

体の記録

朝（　：　）　.　kg　%

夜（　：　）　.　kg　%

体温　.　℃

生理から（　）日目・生理中

お通じ　あり（　）回・なし

睡眠　時間（　：　～　：　）

食事

朝食（　：　）

昼食（　：　）

夕食（　：　）

間食（　：　）

運動など

がんばったところ

だめだったところ

メモ

朝のたんぱく質摂取が筋肉を減らさないコツ

朝食で牛乳やチーズ、ヨーグルトなどのたんぱく質豊富な食材をとることで、筋肉合成のスイッチを入れることができます。朝食時に牛乳や豆乳をコップ1杯飲むだけで、6～7gのたんぱく質が摂取できます。特に「ギリシャヨーグルト（水切りヨーグルト）」は、たんぱく質が豊富なので朝食におすすめです。

月　日（　）天気 気分

体の記録

朝（　：　）　.　kg　%

夜（　：　）　.　kg　%

体温　.　℃

生理から（　）日目・生理中

お通じ　あり（　）回・なし

睡眠　時間（　：　～　：　）

食事

朝食（　：　）

昼食（　：　）

夕食（　：　）

間食（　：　）

運動など

がんばったところ

だめだったところ

メモ

肥満は夜につくられる。寝る前の3時間は食べもの NGタイムに

月　日（　）天気　気分

体の記録

朝（　：　）　.　kg　%

夜（　：　）　.　kg　%

体温　.　℃

生理から（　）日目・生理中

お通じ　あり（　）回・なし

睡眠　時間（　：　～　：　）

食事

朝食（　：　）

昼食（　：　）

夕食（　：　）

間食（　：　）

運動など

がんばったところ

だめだったところ

メモ

イメトレ効果で見るだけダイエット！

モデルやタレントなど、憧れのスリムボディの持ち主の写真を携帯電話の待ちうけ画面にしましょう。頻繁に眺めることがイメージトレーニング効果につながり、無意識に食べすぎを注意するようになるはず。冷蔵庫や洗面所など、必ず目に入る場所に写真を貼るのも効果的。「見るだけダイエット」で、憧れボディをゲット！

月　日（　）天気　気分

体の記録

朝（　：　）　.　kg　%

夜（　：　）　.　kg　%

体温　.　℃

生理から（　）日目・生理中

お通じ　あり（　）回・なし

睡眠　時間（　：　～　：　）

食事

朝食（　：　）

昼食（　：　）

夕食（　：　）

間食（　：　）

運動など

がんばったところ

だめだったところ

メモ

濃い味付けは、食欲増進の元凶。しょうゆ、ソースは控えめに

月　日（　）天気

気分

体の記録

朝（　：　）　.　kg　%

夜（　：　）　.　kg　%

体温　.　℃

生理から（　）日目・生理中

お通じ　あり（　）回・なし

睡眠　時間（　：　～　：　）

食事

朝食（　：　）

昼食（　：　）

夕食（　：　）

間食（　：　）

運動など

がんばったところ

だめだったところ

メモ

ちょこっとウォーキングでカロリーをコツコツ消費

「通勤時にひと駅分歩く」「コンビニやスーパーは少し遠い店に行く」「バス停をひとつ前で降りて歩く」。これだけでも20～30分のウォーキングになります。さらに、いつもより2割程度スピードアップして歩けば、通勤やお買い物が脂肪燃焼運動に。毎日の消費カロリーはコツコツと増やすのがおすすめ！

月　日（　）天気

気分

体の記録

朝（　：　）　.　kg　%

夜（　：　）　.　kg　%

体温　.　℃

生理から（　）日目・生理中

お通じ　あり（　）回・なし

睡眠　時間（　：　～　：　）

食事

朝食（　：　）

昼食（　：　）

夕食（　：　）

間食（　：　）

運動など

がんばったところ

だめだったところ

メモ

やせの大食いはいるけど、デブの少食はいない。気づかないだけで食べすぎているはず！

月　日（　）天気　気分

体の記録

朝（　：　）　.　kg　%

夜（　：　）　.　kg　%

体温　.　℃
生理から（　）日目・生理中
お通じ　あり（　）回・なし
睡眠　時間（　：　～　：　）

食事

朝食（　：　）

昼食（　：　）

夕食（　：　）

間食（　：　）

運動など

がんばったところ

だめだったところ

メモ

「焼く」「蒸す」「ゆでる」調理法の工夫で脂肪分カット

鶏ささみや白身魚など、低カロリーの食材を選んでも、油をたっぷり使って調理をしたら台無し。ダイエット中は、脂肪分を落とす調理法がベスト。肉や魚は「焼く」ことで外側の脂肪分が落とせますし、「蒸す」「ゆでる」ことでも、脂肪分を取り除くことができます。ダイエットで料理上手になれば一石二鳥！

月　日（　）天気　気分

体の記録

朝（　：　）　．　kg　%

夜（　：　）　．　kg　%

体温　．　℃

生理から（　）日目・生理中

お通じ　あり（　）回・なし

睡眠　時間（　：　～　：　）

食事

朝食（　：　）

昼食（　：　）

夕食（　：　）

間食（　：　）

運動など

がんばったところ

だめだったところ

メモ

ラーメンのスープは高カロリー＆塩分過剰なので、必ず残して

月　日（　）天気　気分

体の記録

朝（　：　）　.　kg　%

夜（　：　）　.　kg　%

体温　.　℃

生理から（　）日目・生理中

お通じ　あり（　）回・なし

睡眠　時間（　：　～　：　）

食事

朝食（　：　）

昼食（　：　）

夕食（　：　）

間食（　：　）

運動など

がんばったところ

だめだったところ

メモ

野菜は食べ方を工夫して1日350g以上を目標に

野菜は低カロリーでビタミンやミネラルが豊富。その上、食物繊維にはコレステロールが体内に吸収されるのを防ぐ働きがあります。野菜は1日に350g以上はとりたいもの。ただ、生野菜だけでは多量に食べられないので、鍋物にしたり、野菜ジュースにしたりして工夫しましょう。もちろん、便秘改善にも◎です。

ボディサイズを測ろう

記入日　　　月　　　日

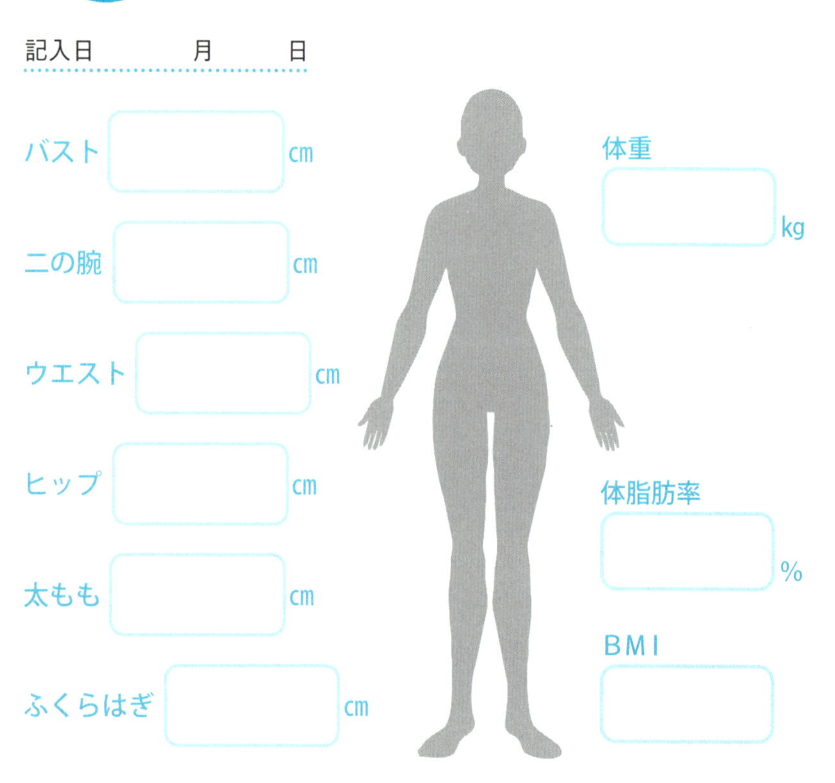

1カ月終えて……

よかったところ・がんばったところ

例）パンツのウエストが少しゆるくなった

だめだったところ

例）どうしてもお菓子がやめられなかった

31〜60日

2カ月目

今月の目標

月　　日（　　）天気　☀　☁　☂　　気分

体の記録

朝（　　：　　）　　.　kg　　　%
夜（　　：　　）　　.　kg　　　%

体温　　　.　℃
生理から（　　　）日目・生理中
お通じ　　あり（　　）回・なし
睡眠　　時間（　：　～　：　）

食事

朝食（　　：　　）

昼食（　　：　　）

夕食（　　：　　）

間食（　　：　　）

運動など

がんばったところ

だめだったところ

メモ

アルコール、脂もの、甘いもの、3つの「あ」は同じ日に食べないように

月　日（　）天気　気分

体の記録

朝(　:　)　.　kg　%

夜(　:　)　.　kg　%

体温　.　℃

生理から(　)日目・生理中

お通じ　あり(　)回・なし

睡眠　時間(　:　～　:　)

食事

朝食（　:　）

昼食（　:　）

夕食（　:　）

間食（　:　）

運動など

がんばったところ

だめだったところ

メモ

高級チョコレートを味わって脳のストレスを解消！

甘いものを食べたいのに、我慢していると、脳がストレスを感じます。無理な我慢が続くと、脳が欲求不満に陥って、たまったストレスが暴走することも……。そこで、高級チョコレートをひとつ、ゆっくり味わって食べてみて。脳のストレスを解消してあげたほうが、ダイエットは成功しやすいのです。

月　日（　）天気　気分

体の記録

朝（　:　）　.　kg　%

夜（　:　）　.　kg　%

体温　.　℃

生理から（　）日目・生理中

お通じ　あり（　）回・なし

睡眠　時間（　:　〜　:　）

食事

朝食（　:　）

昼食（　:　）

夕食（　:　）

間食（　:　）

運動など

がんばったところ

だめだったところ

メモ

アルコールは食欲を増進。飲む前に、軽く食事をとるように

月　日（　）天気　気分

体の記録

朝（　：　）　.　kg　%
夜（　：　）　.　kg　%

体温　.　℃
生理から（　）日目・生理中
お通じ　あり（　）回・なし
睡眠　時間（　：　～　：　）

食事

朝食（　：　）

昼食（　：　）

夕食（　：　）

間食（　：　）

運動など

がんばったところ

だめだったところ

メモ

お肌のお手入れで「自分磨き」ダイエットとキレイをゲット

ダイエット中、テレビなどを見てぼんやり過ごしていると、「何か食べたいな～」と食欲に気をとられてしまいがち。そんなときは、パックや美肌マッサージなどでお肌のお手入れをすることをおすすめ。また、好きな香りの入浴剤を入れたお風呂で半身浴も◎。これで、ダイエットとキレイの両方をゲットできちゃいます！

月　日（　）天気　気分

体の記録

朝（　：　）　.　kg　%
夜（　：　）　.　kg　%

体温　.　℃
生理から（　）日目・生理中
お通じ　あり（　）回・なし
睡眠　時間（　：　～　：　）

食事

朝食（　：　）

昼食（　：　）

夕食（　：　）

間食（　：　）

運動など

がんばったところ

だめだったところ

メモ

ビールのおつまみは、揚げ物を避け、野菜やきのこ類、海藻類を

月　　日（　　）天気　　　　　　気分

体の記録

朝（　：　）　.　kg　　%

夜（　：　）　.　kg　　%

体温　　.　℃

生理から（　　）日目・生理中

お通じ　あり（　　）回・なし

睡眠　時間（　：　～　：　）

食事

朝食（　：　）

昼食（　：　）

夕食（　：　）

間食（　：　）

運動など

がんばったところ

だめだったところ

メモ

やせている人の行動パターンを真似してみよう

あなたのまわりにダイエットとは無縁の人がいませんか？　やせている人の行動をよく観察すると、キビキビ動いていたり、間食をしていなかったりといった習慣が発見できるはず。ランチで同じものをオーダーするなど、その人の習慣を真似してみれば、やせる秘訣が身につくでしょう。

月　　日（　　）天気 ☼ ☁ ☂　　気分 😃 🙂 🙁

体の記録

朝（　：　）　.　kg　%

夜（　：　）　.　kg　%

体温　　.　℃

生理から（　　）日目・生理中

お通じ　あり（　）回・なし

睡眠　時間（　：　～　：　）

食事

朝食（　：　）

昼食（　：　）

夕食（　：　）

間食（　：　）

がんばったところ

だめだったところ

メモ

運動など

お酒の合間に水やウーロン茶を飲んで、飲酒量を賢くセーブ

月　日（　）天気　気分

体の記録

朝（　：　）　.　kg　%

夜（　：　）　.　kg　%

体温　.　℃

生理から（　）日目・生理中

お通じ　あり（　）回・なし

睡眠　時間（　：　〜　：　）

食事

朝食（　：　）

昼食（　：　）

夕食（　：　）

間食（　：　）

運動など

がんばったところ

だめだったところ

メモ

やせ型さん、おデブさんの食習慣のクセを観察しよう

たとえば、結婚式の披露宴など、同じ料理でも食べ方は人それぞれ。おデブさんはおかわりのパンはバターをたっぷりつけてどんどん食べ、出された料理はみんな完食。一方、やせ型さんは必ずひと口残していたり、おしゃべりを楽しんでゆっくり食べていたり。レストランや社員食堂などで観察すれば、やせ型さんの食べグセがわかるはず。

月　日（　）天気 ☀ ☁ ☂　気分 😃 🙂 🙁

体の記録

朝（　:　）　.　kg　%

夜（　:　）　.　kg　%

体温　.　℃

生理から（　）日目・生理中

お通じ　あり（　）回・なし

睡眠　時間（　:　〜　:　）

食事

朝食（　:　）

昼食（　:　）

夕食（　:　）

間食（　:　）

運動など

がんばったところ

だめだったところ

メモ

食事前にコップ１杯の炭酸水を飲むと、おなかがふくらんで食べすぎ防止に

月　日（　）天気　　　気分

体の記録

朝（　：　）　.　kg　%

夜（　：　）　.　kg　%

体温　.　℃

生理から（　）日目・生理中

お通じ　あり（　）回・なし

睡眠　時間（　：　～　：　）

食事

朝食（　：　）

昼食（　：　）

夕食（　：　）

間食（　：　）

運動など

がんばったところ

だめだったところ

メモ

ジュースの糖分には注意！ カロリーゼロ飲料を習慣に

ジュースや缶コーヒーなどに必ず入っている、砂糖やブドウ糖、果糖。これらは、脂肪細胞に吸収されやすく、飲みすぎはNGです。ダイエットをきっかけに、甘い飲みものを飲む習慣を断ち切るのも方法です。コンビニや自動販売機では、できるだけ、水やカロリーゼロ飲料を選ぶクセをつけましょう。

月　日（　）天気　気分

体の記録

朝（　：　）　.　kg　%
夜（　：　）　.　kg　%

体温　.　℃
生理から（　）日目・生理中
お通じ　あり（　）回・なし
睡眠　時間（　：　～　：　）

食事

朝食（　：　）

昼食（　：　）

夕食（　：　）

間食（　：　）

運動など

がんばったところ

だめだったところ

メモ

フレンチドレッシング大さじ1杯で40～60kcal！　サラダにかけすぎないで

月　日（　）天気

気分

体の記録

朝（　：　）　.　kg　%

夜（　：　）　.　kg　%

体温　.　℃

生理から（　）日目・生理中

お通じ　あり（　）回・なし

睡眠　時間（　：　〜　：　）

食事

朝食（　：　）

昼食（　：　）

夕食（　：　）

間食（　：　）

運動など

がんばったところ

だめだったところ

メモ

お酒は飲む分だけを購入 買いだめは絶対やめて！

ダイエット中は禁酒がベストです。アルコールそのものにカロリーが多いこともありますが、何と言っても飲酒によって食欲が増進されてしまうのが問題。とくに脂っこいものが食べたくなるのが怖い点です。どうしても飲みたい人は、せめて買いだめはやめて。その日飲む分だけを購入すれば、飲みすぎずにすみます。

月　日（　）天気 ☼ ☁ ☂　気分

体の記録

朝（　：　）　.　kg　%

夜（　：　）　.　kg　%

体温　.　℃

生理から（　）日目・生理中

お通じ　あり（　）回・なし

睡眠　時間（　：　〜　：　）

食事

朝食（　：　）

昼食（　：　）

夕食（　：　）

間食（　：　）

運動など

がんばったところ

だめだったところ

メモ

ひと口30回噛んで食事をすると、少量でも満腹感が得られます

月　日（　）天気 ☼ ☁ ☂　気分

体の記録

朝（　：　）　.　kg　%

夜（　：　）　.　kg　%

体温　.　℃
生理から（　）日目・生理中
お通じ　あり（　）回・なし
睡眠　時間（　：　～　：　）

食事

朝食（　：　）

昼食（　：　）

夕食（　：　）

間食（　：　）

運動など

がんばったところ

だめだったところ

メモ

“食べたつもり貯金”で脂肪を減らし、お金を貯める

ランチ後のコンビニデザートを我慢したら、その分のお金を封筒などに入れて貯金してみては？　1日300円でも、1カ月で9000円！　3カ月続ければ2万7000円に。体脂肪を減らした分、お金が貯まるしくみ。ダイエットに成功したら、欲しかった洋服だって買えちゃいます。やる気アップ、間違いなし！

月　日（　）天気

気分

体の記録

朝（　：　）　.　kg　%

夜（　：　）　.　kg　%

体温　.　℃

生理から（　）日目・生理中

お通じ　あり（　）回・なし

睡眠　時間（　：　〜　：　）

食事

朝食（　：　）

昼食（　：　）

夕食（　：　）

間食（　：　）

運動など

がんばったところ

だめだったところ

メモ

どっちを選ぶ？ ツナマヨおにぎり208kcal 、梅干しおにぎり171kcal

月　　日（　　）天気　　　　　　　気分

体の記録

朝（　：　）　.　kg　　%

夜（　：　）　.　kg　　%

体温　　.　℃

生理から（　　）日目・生理中

お通じ　あり（　　）回・なし

睡眠　　時間（　：　〜　：　）

食事

朝食（　：　）

昼食（　：　）

夕食（　：　）

間食（　：　）

運動など

がんばったところ

だめだったところ

メモ

不要な飲み会はきっぱり断ろう！

飲み会や外食など、だらだらとしたおつき合いもダイエットの敵。とくに楽しみでもないのに、なんとなく断りづらくて参加してしまうような飲み会は、きっぱりと断るようにしましょう。一度「NO」と言えれば、断ることに自信がもてるように。時間やお金を損したような後悔もしなくてすみます。

月　日（　）天気　気分

体の記録

朝（　：　）　.　kg　%

夜（　：　）　.　kg　%

体温　.　℃

生理から（　）日目・生理中

お通じ　あり（　）回・なし

睡眠　時間（　：　〜　：　）

食事

朝食（　：　）

昼食（　：　）

夕食（　：　）

間食（　：　）

運動など

がんばったところ

だめだったところ

メモ

自宅で食事をする際は、利き手を使わずに食べると食べすぎ防止に

月　日（　）天気　気分

体の記録

朝（　：　）　.　kg　%

夜（　：　）　.　kg　%

体温　.　℃

生理から（　）日目・生理中

お通じ　あり（　）回・なし

睡眠　時間（　：　～　：　）

食事

朝食（　：　）

昼食（　：　）

夕食（　：　）

間食（　：　）

運動など

がんばったところ

だめだったところ

メモ

ダイエット停滞期に入ったら、大きいサイズの洋服を処分

順調に体重が落ちていた流れが止まり、ダイエットが停滞期に突入することもあります。そんなときは「これ以上は無理なんだ……」とあきらめないで。たとえば、ウエストがゆるくなったスカートやパンツなどを処分してしまうのもひとつの手。行動することで、自分の目標を確認でき、再びダイエットの意欲がわいてくるはずです。

月　日（　）天気　　　　気分

体の記録

朝（　：　）　.　kg　%

夜（　：　）　.　kg　%

体温　.　℃

生理から（　）日目・生理中

お通じ　あり（　）回・なし

睡眠　時間（　：　～　：　）

食事

朝食（　：　）

昼食（　：　）

夕食（　：　）

間食（　：　）

運動など

がんばったところ

だめだったところ

メモ

どっちを選ぶ？　かつ丼876kcal、親子丼609kcal

月　日（　）天気　気分

体の記録

朝（　：　）　.　kg　%

夜（　：　）　.　kg　%

体温　.　℃

生理から（　）日目・生理中

お通じ　あり（　）回・なし

睡眠　時間（　：　〜　：　）

食事

朝食（　：　）

昼食（　：　）

夕食（　：　）

間食（　：　）

運動など

がんばったところ

だめだったところ

メモ

ごはんの食べすぎを防ぐプチテクニック

白いごはんが大好きな人は、多いでしょう。でも、炭水化物は食べすぎると脂肪細胞に吸収されやすくなるのでご用心。外食のときには、半ライスをオーダー、自宅では小さなお茶碗を使うようにするのもおすすめです。あらかじめ、1杯分ずつを冷凍して保存しておけば、ついひと口のおかわり防止にもなります。

月　日（　）天気　気分

体の記録

朝（　：　）　.　kg　%

夜（　：　）　.　kg　%

体温　.　℃

生理から（　）日目・生理中

お通じ　あり（　）回・なし

睡眠　時間（　：　〜　：　）

食事

朝食（　：　）

昼食（　：　）

夕食（　：　）

間食（　：　）

運動など

がんばったところ

だめだったところ

メモ

食器やクロスをブルーなどの寒色にすると、食欲減退効果が

月　日（　）天気　気分

体の記録

朝（　：　）　.　kg　%

夜（　：　）　.　kg　%

体温　.　℃
生理から（　）日目・生理中
お通じ　あり（　）回・なし
睡眠　時間（　：　～　：　）

食事

朝食（　：　）

昼食（　：　）

夕食（　：　）

間食（　：　）

運動など

がんばったところ

だめだったところ

メモ

好きなものは早めに食べてダイエット効果UP

あなたは「好きなものは最後までとっておく」タイプ？　そうであるなら、ちょっと危険。必ず好きなものは早めに食べるようにしましょう。なぜなら、食事のはじまりの段階で満足感が得られると、余計なものを食べずにすむから。好きなものを最後まで残しておくと、本当はおなかいっぱいなのに食べてしまいかねないのです。

月　　日（　　）天気　☀　☁　☂　　気分　☺　☺　☹

体の記録

朝（　：　）　　.　kg　　%

夜（　：　）　　.　kg　　%

体温　　.　℃

生理から（　　）日目・生理中

お通じ　あり（　　）回・なし

睡眠　時間（　：　〜　：　）

食事

朝食（　：　）

昼食（　：　）

夕食（　：　）

間食（　：　）

運動など

がんばったところ

だめだったところ

メモ

どっちを選ぶ？　月見そば373kcal、鍋焼きうどん540kcal

月　日（　）天気

気分

体の記録

朝（　：　）　．　kg　%

夜（　：　）　．　kg　%

体温　．　℃

生理から（　）日目・生理中

お通じ　あり（　）回・なし

睡眠　時間（　：　～　：　）

食事

朝食（　：　）

昼食（　：　）

夕食（　：　）

間食（　：　）

運動など

がんばったところ

だめだったところ

メモ

定期券をひとつ先の駅にして通勤をウォーキングタイムに

ウォーキングをしようと決意しても、三日坊主になりがち。そこで、通勤をウォーキングタイムにしてしまうのはいかがでしょう。おすすめは、3カ月分の定期券をひとつ先の駅にしてしまう作戦。これならひと駅分歩くことが習慣になるはずです。ぜひ、おしゃれなウォーキングシューズを新調して楽しく歩いてください！

月　　日（　　）天気 ☀ ☁ ☂　　気分 😀 🙂 🙁

体の記録

朝（　：　）　.　kg　%

夜（　：　）　.　kg　%

体温　　.　℃

生理から（　　）日目・生理中

お通じ　あり（　　）回・なし

睡眠　時間（　：　〜　：　）

食事

朝食（　：　）

昼食（　：　）

夕食（　：　）

間食（　：　）

運動など

がんばったところ

だめだったところ

メモ

どっちを作る？ 牛ステーキ768kcal、豚のしょうが焼き340kcal

月　日（　）天気　気分

体の記録

朝（　：　）　.　kg　%

夜（　：　）　.　kg　%

体温　.　℃

生理から（　）日目・生理中

お通じ　あり（　）回・なし

睡眠　時間（　：　～　：　）

食事

朝食（　：　）

昼食（　：　）

夕食（　：　）

間食（　：　）

運動など

がんばったところ

だめだったところ

メモ

自宅で簡単にできるおすすめミニエクササイズ

簡単にできるエクササイズのバリエーションはいろいろあります。①テレビを見ながら床掃除をして、腹筋や背筋を鍛える②電話でおしゃべり中は、ペットボトルを上げ下げして二の腕シェイプ③調理や後片づけのときは、何度も立ったり座ったりして全身エクササイズ④パソコンの前に座ったら、小まめに休憩を挟んでストレッチを。

月　日（　）天気 ☼ ☁ ☂　気分 ☺ ☺ ☹

体の記録

朝（　：　）　.　kg　%

夜（　：　）　.　kg　%

体温　.　℃

生理から（　）日目・生理中

お通じ　あり（　）回・なし

睡眠　時間（　：　〜　：　）

食事

朝食（　：　）

昼食（　：　）

夕食（　：　）

間食（　：　）

運動など

がんばったところ

だめだったところ

メモ

空腹で就寝すると、空腹感が目覚ましに。早起きもできて、1日がさわやかにスタート

月　日（　）天気　気分

体の記録

朝（　：　）　.　kg　%

夜（　：　）　.　kg　%

体温　.　℃

生理から（　）日目・生理中

お通じ　あり（　）回・なし

睡眠　時間（　：　～　：　）

食事

朝食（　：　）

昼食（　：　）

夕食（　：　）

間食（　：　）

運動など

がんばったところ

だめだったところ

メモ

テレビのCMタイムを脂肪もみほぐしタイムに

CMタイムの1～2分間でできるやせ体質づくり。それは、おなか、二の腕、お尻、太ももなど、脂肪がつきやすい気になる部分を、もみほぐす方法です。硬い脂肪を柔らかくするだけで、燃焼効果が上がりやすくなります。指でギュッとつまんだり、手のひら全体を使ってマッサージしたり。脂肪を集中的に狙ってみて！

月　日（　）天気　気分

体の記録

朝（　：　）　.　kg　%

夜（　：　）　.　kg　%

体温　.　℃

生理から（　）日目・生理中

お通じ　あり（　）回・なし

睡眠　時間（　：　～　：　）

食事

朝食（　：　）

昼食（　：　）

夕食（　：　）

間食（　：　）

運動など

がんばったところ

だめだったところ

メモ

お肉を選ぶならロースより赤身、鶏肉は手羽よりささみ

月　　日（　　）天気　☼　☁　☂　　気分

体の記録

朝（　：　）　．　kg　　%

夜（　：　）　．　kg　　%

体温　　．　℃

生理から（　　）日目・生理中

お通じ　あり（　　）回・なし

睡眠　時間（　：　〜　：　）

食事

朝食（　：　）

昼食（　：　）

夕食（　：　）

間食（　：　）

運動など

がんばったところ

だめだったところ

メモ

掃除機をかけながら全身のゆがみを矯正

掃除機をかけるとき、利き手でハンドルをもって、前かがみ姿勢で行っていませんか？　でも、いつも同じ姿勢でやっていると、体の左右にかかる負荷に差がついて、ゆがみの原因に。体のゆがみは、腰痛はもちろん、脂肪がつく要因にも。掃除機のハンドルは左右の手で交互にもち替え、背筋を伸ばして掃除するようにしましょう。

ボディサイズを測ろう

記入日　　　月　　　日

バスト　　　cm

二の腕　　　cm

ウエスト　　　cm

ヒップ　　　cm

太もも　　　cm

ふくらはぎ　　　cm

体重　　　kg

体脂肪率　　　%

BMI

2カ月終えて……

よかったところ・がんばったところ

例）体が軽くなった気がする

だめだったところ

例）飲み会でつい飲みすぎてしまった

61～90日

3カ月目

今月の目標

月　　日（　　）天気 ☀ ☁ ☂　　気分 😃 🙂 🙁

体の記録

朝（　：　）　.　kg　　%

夜（　：　）　.　kg　　%

体温　　.　℃

生理から（　　）日目・生理中

お通じ　あり（　　）回・なし

睡眠　時間（　：　～　：　）

食事

朝食（　：　）

昼食（　：　）

夕食（　：　）

間食（　：　）

運動など

がんばったところ

だめだったところ

メモ

どっちを作る？　グラタン420kcal、ドリア758kcal

月　日（　）天気　☼　☁　☂　気分　☺　☺　☹

体の記録

朝（　：　）　.　kg　%
夜（　：　）　.　kg　%

体温　.　℃
生理から（　）日目・生理中
お通じ　あり（　）回・なし
睡眠　時間（　：　〜　：　）

食事

朝食（　：　）

昼食（　：　）

夕食（　：　）

間食（　：　）

運動など

がんばったところ

だめだったところ

メモ

やせて見える！
下腹凹まし姿勢

モデルなどスリム体型の持ち主は、そろって姿勢がいいものです。そこで、見た目体重を減らすためには、まず姿勢を矯正。やり方は、とても簡単です。下腹に力を入れてギュッと引っ込めるように意識するだけ。これで、背筋が伸びて、すらっとして見えます。このように、いつも下腹に力を入れていれば、ぽっこりおなかも凹むはず！

月　　日（　　）天気　☼　☁　☂　　気分

体の記録

朝（　：　）　.　kg　%

夜（　：　）　.　kg　%

体温　　.　℃

生理から（　　）日目・生理中

お通じ　あり（　　）回・なし

睡眠　時間（　：　～　：　）

食事

朝食（　：　）

昼食（　：　）

夕食（　：　）

間食（　：　）

運動など

がんばったところ

だめだったところ

メモ

魚を選ぶなら赤身より白身。鯛やヒラメ、カレイが低カロリー

月　日（　）天気　気分

体の記録

朝（　：　）　.　kg　%

夜（　：　）　.　kg　%

体温　.　℃

生理から（　）日目・生理中

お通じ　あり（　）回・なし

睡眠　時間（　：　～　：　）

食事

朝食（　：　）

昼食（　：　）

夕食（　：　）

間食（　：　）

運動など

がんばったところ

だめだったところ

メモ

太らないお弁当の選び方、食べ方のテクニック

市販のお弁当を選ぶ際は、カロリー数値だけでなく、栄養バランスを考えて。幕の内弁当なら、和風の味付けで魚や野菜もとれます。かつ丼や天丼などの丼物は野菜がとれないので、お浸しやサラダをプラス。揚げ物やごはんの量が多い場合は、天ぷらの衣をとる、ごはんを半分残す、などの工夫を心がけて。

月　日（　）天気 ☀ ☁ ☂　気分 ☺ ☺ ☹

体の記録

朝（　：　）　．　kg　％
夜（　：　）　．　kg　％

体温　．　℃
生理から（　）日目・生理中
お通じ　あり（　）回・なし
睡眠　時間（　：　〜　：　）

食事

朝食（　：　）

昼食（　：　）

夕食（　：　）

間食（　：　）

運動など

がんばったところ

だめだったところ

メモ

イカやタコ、エビやカニ、アサリやシジミなどの魚介類は、比較的低カロリー

月　日（　）天気 ☼ ☁ ☂ 気分 ☺ ☺ ☹

体の記録

朝（　：　）　.　kg　%

夜（　：　）　.　kg　%

体温　.　℃

生理から（　）日目・生理中

お通じ　あり（　）回・なし

睡眠　時間（　：　～　：　）

食事

朝食（　：　）

昼食（　：　）

夕食（　：　）

間食（　：　）

運動など

がんばったところ

だめだったところ

メモ

朝食はパン派の人にも ダイエットの落とし穴が……

「パン食は軽い食事」と思っている人はご用心。トーストにバターやジャムをたっぷりぬれば、朝からケーキを食べているようなもの。また、クロワッサンには、バターがたっぷり使われているし、菓子パンにはバターだけでなく砂糖も使われています。パンを少量にして、野菜スープや果物、ヨーグルトをプラスするなどの工夫を。

月　日（　）天気　気分

体の記録

朝（　：　）　.　kg　%

夜（　：　）　.　kg　%

体温　.　℃

生理から（　）日目・生理中

お通じ　あり（　）回・なし

睡眠　時間（　：　〜　：　）

食事

朝食（　：　）

昼食（　：　）

夕食（　：　）

間食（　：　）

運動など

がんばったところ

だめだったところ

メモ

どっちを作る？ アジの塩焼き102kcal、アジフライ237kcal

月　　日（　　）天気　☼　☁　☂　　気分　☺　☺　☹

体の記録

朝（　：　）　．　kg　　%

夜（　：　）　．　kg　　%

体温　　．　℃

生理から（　　）日目・生理中

お通じ　あり（　　）回・なし

睡眠　時間（　：　～　：　）

食事

朝食（　：　）

昼食（　：　）

夕食（　：　）

間食（　：　）

運動など

がんばったところ

だめだったところ

メモ

調味料のカロリーも意識
薄味料理で健康ダイエット

濃い味付けの料理はごはんが進んでしまいます。ダイエット中は、食材本来の素の味を生かした薄味料理が基本。だしやスパイスなどの調味料のカロリーも意識しましょう。主な調味料の大さじ1杯のカロリーは、マヨネーズ81kcal、バター 86kcal、砂糖36kcal、みそ36kcal、ソース（中濃）22kcal。

月　日（　）天気　☼　☁　☂　　気分　😃　🙂　🙁

体の記録

朝（　：　）　．　kg　　%

夜（　：　）　．　kg　　%

体温　．　℃

生理から（　）日目・生理中

お通じ　あり（　）回・なし

睡眠　時間（　：　～　：　）

食事

朝食（　：　）

昼食（　：　）

夕食（　：　）

間食（　：　）

運動など

がんばったところ

だめだったところ

メモ

ぬるめのお湯での入浴には、ストレス解消だけでなく、胃液の過剰な分泌を抑え、食欲抑制効果も

月　日（　）天気　気分

体の記録

朝（　：　）　.　kg　%

夜（　：　）　.　kg　%

体温　.　℃

生理から（　）日目・生理中

お通じ　あり（　）回・なし

睡眠　時間（　：　～　：　）

食事

朝食（　：　）

昼食（　：　）

夕食（　：　）

間食（　：　）

運動など

がんばったところ

だめだったところ

メモ

ダイエット効果アップ！水分摂取のテクニック

私たちの体の60%は水分。1日に必要な水分は、食べものから1リットル＋飲みものから1.5リットル摂取するのが基本です。ダイエット中は食事量が減るので、その分の水分は飲みものでフォローしましょう。また、食事の前に水分をとれば、おなかがふくれて、食欲が抑えられます。小まめな水分摂取は、便秘対策にも有効です。

月　　日（　　）天気　☼　☁　☂　　気分　☺　☺　☹

体の記録

朝（　　：　　）　　.　　kg　　　%

夜（　　：　　）　　.　　kg　　　%

体温　　　.　　℃
生理から（　　　）日目・生理中
お通じ　あり（　　）回・なし
睡眠　　時間（　：　～　：　）

食事

朝食（　　：　　）

昼食（　　：　　）

夕食（　　：　　）

間食（　　：　　）

運動など

がんばったところ

だめだったところ

メモ

低カロリーおつまみ。冷やしトマト15kcal、なめこおろし25kcal

月　日（　）天気 ☼ ☁ ☂ 気分 😃 🙂 🙁

体の記録

朝（　：　）　.　kg　%

夜（　：　）　.　kg　%

体温　.　℃

生理から（　）日目・生理中

お通じ　あり（　）回・なし

睡眠　時間（　：　〜　：　）

食事

朝食（　：　）

昼食（　：　）

夕食（　：　）

間食（　：　）

運動など

がんばったところ

だめだったところ

メモ

果物の食べすぎは中性脂肪を蓄積してしまう

果物にはビタミンやミネラルがたっぷり。ダイエット中、ヘルシーなイメージの果物を食事がわりに食べる人も多いようです。でも、ちょっと待って！　果物に含まれている果糖は、砂糖と同じぐらいの高カロリー。しかも、食べすぎれば、中性脂肪に変わり、体に蓄えられやすいのです。果物は、少量を楽しんで食べるようにしましょう。

月　日（　）天気 ☼ ☁ ☂ 気分 ☺ ☺ ☹

体の記録

朝（　：　）　.　kg　%

夜（　：　）　.　kg　%

体温　.　℃

生理から（　）日目・生理中

お通じ　あり（　）回・なし

睡眠　時間（　：　～　：　）

食事

朝食（　：　）

昼食（　：　）

夕食（　：　）

間食（　：　）

運動など

がんばったところ

だめだったところ

メモ

雑炊やおかゆを主食にすると、米は少量で満腹感が得られる

月　日（　）天気 ☀ ☁ ☂　気分

体の記録

朝（　：　）　．kg　%
夜（　：　）　．kg　%

体温　．℃
生理から（　）日目・生理中
お通じ　あり（　）回・なし
睡眠　時間（　：　～　：　）

食事

朝食（　：　）

昼食（　：　）

夕食（　：　）

間食（　：　）

運動など

がんばったところ

だめだったところ

メモ

ファストフードの上手な組み合わせテクニック

手軽で便利なファストフード。でも、カロリーや塩分が高いメニューの食べすぎには注意しましょう。注文は、セットメニューではなく、「ハンバーガー＋野菜サラダ＋無糖飲料」のようなシンプルな組み合わせにしたほうが無難です。油たっぷりのフライドポテトやチキンナゲットは、ダイエットの大敵と心得ましょう。

月　　日（　　）天気　　　　　　気分

体の記録

朝（　：　）　.　kg　%

夜（　：　）　.　kg　%

体温　.　℃

生理から（　）日目・生理中

お通じ　あり（　）回・なし

睡眠　時間（　：　～　：　）

食事

朝食（　：　）

昼食（　：　）

夕食（　：　）

間食（　：　）

運動など

がんばったところ

だめだったところ

メモ

食事中、箸やスプーン、フォークをときどき置いて食べすぎ防止

月　日（　）天気　気分

体の記録

朝（　：　）　.　kg　%

夜（　：　）　.　kg　%

体温　.　℃

生理から（　）日目・生理中

お通じ　あり（　）回・なし

睡眠　時間（　：　〜　：　）

食事

朝食（　：　）

昼食（　：　）

夕食（　：　）

間食（　：　）

運動など

がんばったところ

だめだったところ

メモ

豆腐、納豆、豆乳は、健康ダイエットの強い味方

大豆食品は、健康ダイエットにおすすめ。低カロリーの上、血液をサラサラにするなどの作用もあります。豆腐や納豆なら、そのまま食べても、料理に生かしてもＯＫ。豆乳は、味が苦手な人は、シチューなどを作るときに牛乳がわりに使って。牛乳より低カロリーなので、ダイエット中にはとても重宝します。

月　　日（　　）天気　☀　☁　☂　　気分　😃　🙂　🙁

体の記録

朝（　　：　　）　　．　kg　　％

夜（　　：　　）　　．　kg　　％

体温　　．　℃

生理から（　　）日目・生理中

お通じ　あり（　　）回・なし

睡眠　時間（　：　～　：　）

食事

朝食（　　：　　）

昼食（　　：　　）

夕食（　　：　　）

間食（　　：　　）

運動など

がんばったところ

だめだったところ

メモ

サラダ油大さじ１は110kcal。フッ素樹脂加工のフライパンで調理油を減らして

月　日（　）天気

気分

体の記録

朝(　:　)　.　kg　%

夜(　:　)　.　kg　%

体温　.　℃

生理から(　)日目・生理中

お通じ　あり(　)回・なし

睡眠　時間(　:　〜　:　)

食事

朝食（　:　）

昼食（　:　）

夕食（　:　）

間食（　:　）

運動など

がんばったところ

だめだったところ

メモ

低カロリーで満腹感の高い きのこはダイエット食の王様

しいたけ、まいたけ、しめじ、えのきだけ、なめこなど、きのこは、ダイエット食の王様。低カロリーなのに、満腹感が得られるし、コレステロールの上昇を抑えるなどの健康効果も盛りだくさん。肉や魚料理に使ってボリュームをアップさせてみたり、みそ汁の具材にしてみたり、いろんな料理に使ってみて。

月　日（　）天気　気分

体の記録

朝（　:　）　.　kg　%

夜（　:　）　.　kg　%

体温　.　℃

生理から（　）日目・生理中

お通じ　あり（　）回・なし

睡眠　時間（　:　〜　:　）

食事

朝食（　:　）

昼食（　:　）

夕食（　:　）

間食（　:　）

運動など

がんばったところ

だめだったところ

メモ

酢＋ビタミンC＝美肌＆代謝アップのダブル効果！　旬の果物と酢で作るサワードリンクがおすすめ

月　日（　）天気　気分

体の記録

朝（　：　）　.　kg　%

夜（　：　）　.　kg　%

体温　.　℃

生理から（　）日目・生理中

お通じ　あり（　）回・なし

睡眠　時間（　：　〜　：　）

食事

朝食（　：　）

昼食（　：　）

夕食（　：　）

間食（　：　）

運動など

がんばったところ

だめだったところ

メモ

調理法の違いによるカロリー差に要注意！

「食事量を減らしているのになかなかやせない……」と嘆いている人は、食べた内容を詳しくチェックしてみて。サラダはグリーンサラダではなく、マカロニやポテトサラダ、肉はしゃぶしゃぶではなく、すきやきを食べてはいませんか？　同じメニューや食材でも、調理法で大きなカロリーの差がつきます。その落とし穴にご用心！

月　日（　）天気

気分

体の記録

朝（　：　）　.　kg　%

夜（　：　）　.　kg　%

体温　.　℃

生理から（　）日目・生理中

お通じ　あり（　）回・なし

睡眠　時間（　：　～　：　）

食事

朝食（　：　）

昼食（　：　）

夕食（　：　）

間食（　：　）

運動など

がんばったところ

だめだったところ

メモ

おやつは、きなこ、寒天、つぶあんを使った和菓子がおすすめ。食物繊維が豊富

月　日（　）天気 ☀ ☁ ☂　気分

体の記録

朝（　：　）　.　kg　%

夜（　：　）　.　kg　%

体温　.　℃
生理から（　）日目・生理中
お通じ　あり（　）回・なし
睡眠　時間（　：　〜　：　）

食事

朝食（　：　）

昼食（　：　）

夕食（　：　）

間食（　：　）

運動など

がんばったところ

だめだったところ

メモ

ストレス太りをまねく?! NGな生活習慣

ちょっと耳が痛い話ですが、自分の生活習慣を見つめてみて。①なんとなくゆううつな日が多い。②失恋や仕事の失敗は、友人と食べたり飲んだりして解消。③1日のいちばんの楽しみは食事。④お酒の誘いは絶対断らない。もし、1つでも当てはまるなら、ストレスから食欲が暴走しやすいパターンなので気をつけて。

月　　日（　　）天気　　　　　　気分

体の記録

朝（　：　）　．　kg　　%

夜（　：　）　．　kg　　%

体温　　．　℃

生理から（　　）日目・生理中

お通じ　あり（　　）回・なし

睡眠　　時間（　：　～　：　）

食事

朝食（　：　）

昼食（　：　）

夕食（　：　）

間食（　：　）

運動など

がんばったところ

だめだったところ

メモ

アンチエイジング効果が期待できる、ビタミンEを含むひまわり油やコーン油などの植物性油でクッキ

月　日（　）天気　　　気分

体の記録

朝（　：　）　.　kg　%

夜（　：　）　.　kg　%

体温　.　℃

生理から（　）日目・生理中

お通じ　あり（　）回・なし

睡眠　時間（　：　〜　：　）

食事

朝食（　：　）

昼食（　：　）

夕食（　：　）

間食（　：　）

運動など

がんばったところ

だめだったところ

メモ

健康ダイエットに役立つ電子レンジと冷凍庫の活用術

電子レンジと冷凍庫は、上手に使えばダイエットの心強い味方になってくれます。電子レンジは、油を使わなくても加熱できるし、野菜の栄養素をまるごと逃がさず調理することが可能。冷凍庫には、1食分のごはんやゆで野菜をストック。果物を冷凍して、シャーベット状にして食べれば、食べすぎ防止にも役立ちます。

月　日（　）天気 ☀ ☁ ☂　気分 ☺ ☺ ☹

体の記録

朝（　：　）　.　kg　%

夜（　：　）　.　kg　%

体温　.　℃

生理から（　）日目・生理中

お通じ　あり（　）回・なし

睡眠　時間（　：　～　：　）

食事

朝食（　：　）

昼食（　：　）

夕食（　：　）

間食（　：　）

運動など

がんばったところ

だめだったところ

メモ

おなかがすいたらシャワータイム。皮膚への刺激で食欲を抑えます

月　日（　）天気

気分

体の記録

朝（　：　）　.　kg　%

夜（　：　）　.　kg　%

体温　.　℃

生理から（　）日目・生理中

お通じ　あり（　）回・なし

睡眠　時間（　：　～　：　）

食事

朝食（　：　）

昼食（　：　）

夕食（　：　）

間食（　：　）

運動など

がんばったところ

だめだったところ

メモ

体温を1度上げると基礎代謝が13%アップ！

平熱といえば、通常は36～37度。ただ、最近では35度台という人も増えています。平熱が低めな人は、基礎代謝をアップするためにも、体温を上げる生活習慣を身につけましょう。運動をする習慣をつける、暖かいファッションに身を包む、辛みのある温かい食べものを積極的にとる。また、お風呂でゆっくり体を温めるのも効果的です。

月　　日（　　）天気 ☼ ☁ ☂　　気分

体の記録

朝（　：　）　．　kg　　%

夜（　：　）　．　kg　　%

体温　　．　℃

生理から（　　）日目・生理中

お通じ　あり（　　）回・なし

睡眠　　時間（　：　〜　：　）

食事

朝食（　：　）

昼食（　：　）

夕食（　：　）

間食（　：　）

運動など

がんばったところ

だめだったところ

メモ

起きぬけ、食事前、就寝前のコップ1杯の水飲み習慣で、体内をデトックス！

月　日（　）天気　気分

体の記録

朝（　：　）　.　kg　%

夜（　：　）　.　kg　%

体温　.　℃

生理から（　）日目・生理中

お通じ　あり（　）回・なし

睡眠　時間（　：　〜　：　）

食事

朝食（　：　）

昼食（　：　）

夕食（　：　）

間食（　：　）

運動など

がんばったところ

だめだったところ

メモ

心のゆるみが体のゆるみにつながる

ダイエットが停滞期に入ると「もう今のままでいいか……」と、ついあきらめモードに。そんなときは「まだまだいける！」とあきらめないことが肝心です。気分が変わり、心が変われば、体はついてくるもの。早起きして気分転換する、ダイエットを始めた日の日記を読み直すなど、やる気を取り戻す工夫をしてみましょう！

月　日（　）天気 ☼ ☁ ☂　気分

体の記録

朝（　:　）　.　kg　%

夜（　:　）　.　kg　%

体温　.　℃

生理から（　）日目・生理中

お通じ　あり（　）回・なし

睡眠　時間（　:　～　:　）

食事

朝食（　:　）

昼食（　:　）

夕食（　:　）

間食（　:　）

運動など

がんばったところ

だめだったところ

メモ

早食い、まとめ食い、ながら食いは体脂肪を増やすもと

月　日（　）天気　気分

体の記録

朝（　：　）　.　kg　%
夜（　：　）　.　kg　%

体温　.　℃
生理から（　）日目・生理中
お通じ　あり（　）回・なし
睡眠　時間（　：　～　：　）

食事

朝食（　：　）

昼食（　：　）

夕食（　：　）

間食（　：　）

運動など

がんばったところ

だめだったところ

メモ

1日数回、鏡に全身を映して体型の変化をチェックしよう

街を歩いているとき、お店のウインドウに映る自分の姿を見てびっくりすることはありませんか？　人はわりと自分の全身の姿を客観的に観察していないもの。部屋に姿見を置いて、常にチェックするようにしましょう。鏡に映して体型を意識するだけでも、姿勢がよくなり、ダイエットのやる気もアップするはずです。

ボディサイズを測ろう

記入日　　　　月　　　日

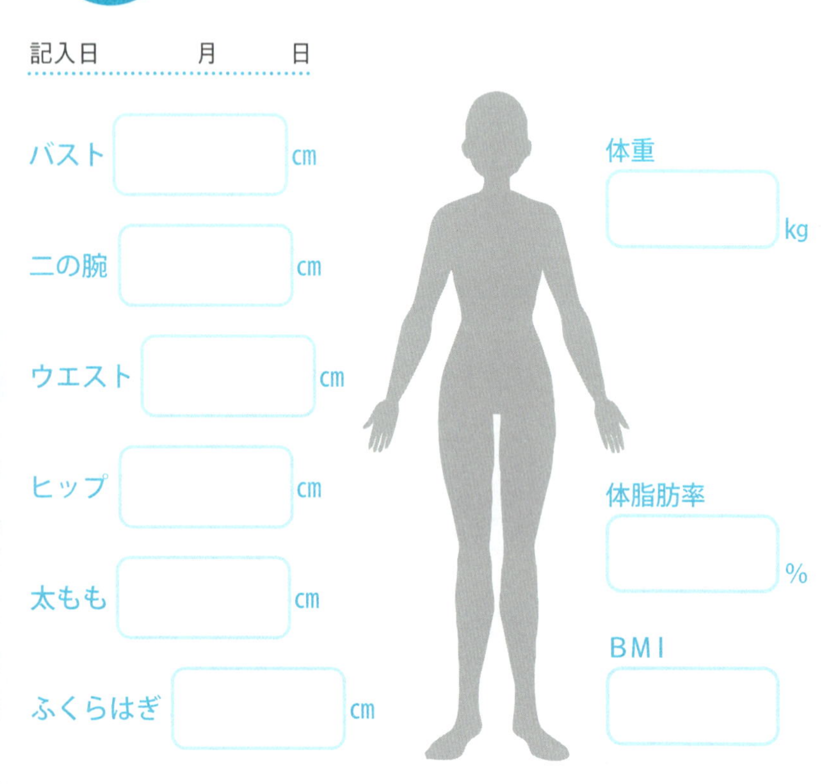

3カ月終えて……

よかったところ・がんばったところ	だめだったところ
例）まわりから「やせたね」と言われた	例）忙しくて運動できなかった

90日間おつかれさまでした！

この90日間で、確実にあなたの体は変わっています。
次のページで、変化を具体的に確認してみましょう。

3カ月の総評

自分の体の変化を確認しよう

体重などの数値だけではなく、生活習慣や体調の変化を書き出すことで、自分を振り返ることができます。

記入日　　　月　　　日

私は3カ月で［　　　］kgダイエットして

［　　　］kgになるのが目標でした。

スタート
- 体重　　　.　　　kg
- 体脂肪率　　　%
- BMI

▶

1カ月目
- 体重　　　.　　　kg
- 体脂肪率　　　%
- BMI

▼

2カ月目
- 体重　　　.　　　kg
- 体脂肪率　　　%
- BMI

◀

3カ月目
- 体重　　　.　　　kg
- 体脂肪率　　　%
- BMI

3カ月で体重は変化しましたか？（はい・いいえ）

スタート時の体重 － 3カ月目の体重＝＋/－［　　　］kg

目標体重には到達しましたか？（はい・いいえ）

目標体重 － 3カ月目の体重＝＋/－［　　　］kg

ボディサイズは変化しましたか？（はい・いいえ）

・バスト ＋ － cm
・ヒップ ＋ － cm
・二の腕 ＋ － cm
・太もも ＋ － cm
・ウエスト ＋ － cm
・ふくらはぎ ＋ － cm

食事の変化は？

体調の変化は？

メンタルの変化は？

メモ

知って
得する！

ダイエット
役立ち情報

賢いカロリーコントロールで食べてやせる！

1食80kcal 減を目安にしよう！

年齢や運動量によって、1日に必要なカロリー量が異なります。
健康的にダイエットするためには、1日3食が基本。
1食に80kcal 減らせば、1日240kcal ダウン。すると、1カ月で1kg 体重減に！

日常で運動をほとんどしない人の場合

身体活動レベル 「低い」
生活の大部分が座位で、静的な活動が中心。

年齢（歳）	男性	女性
18～29	2,250 kcal	1,700 kcal
30～49	2,350 kcal	1,750 kcal
50～64	2,250 kcal	1,700 kcal
65～74	2,100 kcal	1,650 kcal
75以上	1,850 kcal	1,450 kcal

通勤・家事・軽い運動などで体を動かす程度の人の場合

身体活動レベル 「ふつう」
座位中心の仕事だが、職場内での移動や作業、あるいは通勤・買い物・家事・軽いスポーツなどのいずれかを含む。

年齢（歳）	男性	女性
18～29	2,600 kcal	1,950 kcal
30～49	2,750 kcal	2,050 kcal
50～64	2,650 kcal	1,950 kcal
65～74	2,350 kcal	1,850 kcal
75以上	2,250 kcal	1,750 kcal

日常的に運動する習慣があり、よく体を動かす人の場合

身体活動レベル 「高い」
移動や立位の多い仕事に従事。または、スポーツなど余暇における活発な運動習慣をもっている。

年齢（歳）	男性	女性
18～29	3,000 kcal	2,250 kcal
30～49	3,150 kcal	2,350 kcal
50～64	3,000 kcal	2,250 kcal
65～74	2,650 kcal	2,050 kcal
75以上	–	–

厚生労働省「日本人の食事摂取基準（2025年版）」より

ごはん・パン・麺類

料理	カロリー	塩分
白米ごはん	168kcal	▶塩分0g
玄米ごはん	165kcal	▶塩分0g
おかゆ	142kcal	▶塩分0g
サケ茶漬け	336kcal	▶塩分0.7g
赤　飯	246kcal	▶塩分0.4g
五目炊き込みごはん	234kcal	▶塩分1.9g
いなりずし（2個）	313kcal	▶塩分1.5g
五目ちらしずし	441kcal	▶塩分2.8g
雑　煮	200kcal	▶塩分1.9g
五目チャーハン	602kcal	▶塩分2.8g
ピラフ	408kcal	▶塩分2.3g
チキンライス	525kcal	▶塩分2.7g
パエリア	508kcal	▶塩分2.4g
カレーライス	580kcal	▶塩分2.2g
かつカレー	907kcal	▶塩分3.0g
ハヤシライス	646kcal	▶塩分2.1g
オムライス	695kcal	▶塩分2.8g
ドリア	758kcal	▶塩分2.7g
6枚切り食パン（1枚）	158kcal	▶塩分0.8g
4枚切り食パン（1枚）	238kcal	▶塩分1.2g
ライ麦パン（1枚）	172kcal	▶塩分0.8g
クロワッサン（1個）	224kcal	▶塩分0.6g
ロールパン（1個）	94kcal	▶塩分0.4g
イングリッシュマフィン（1個）	137kcal	▶塩分0.7g
ベーグル（1個）	227kcal	▶塩分0.9g
ピザトースト	268kcal	▶塩分1.5g
フレンチトースト	340kcal	▶塩分1.1g
ハムサンドイッチ	252kcal	▶塩分1.6g
ツナサンドイッチ	381kcal	▶塩分1.4g
ホットドッグ	327kcal	▶塩分1.7g
きつねうどん	372kcal	▶塩分4.1g
カレーうどん	443kcal	▶塩分4.7g
鍋焼きうどん	540kcal	▶塩分4.9g
力うどん	463kcal	▶塩分5.2g
ざるそば（つゆと薬味含む）	330kcal	▶塩分2.6g
山かけそば	442kcal	▶塩分4.2g
月見そば	373kcal	▶塩分4.1g
山菜そば	303kcal	▶塩分4.5g
天ぷらそば	409kcal	▶塩分3.9g
かき揚げそば	542kcal	▶塩分4.3g

ダイエットの味方 鍋料理のカロリーは？

料理	カロリー	塩分
湯豆腐	84kcal	塩分0g
アンコウ鍋	133kcal	塩分0.4g
カキ鍋	134kcal	塩分1.3g
しゃぶしゃぶ	245kcal	塩分0.1g
石狩鍋	247kcal	塩分0.2g
もつ鍋	252kcal	塩分0.1g
キムチ鍋	265kcal	塩分1.0g
水炊き	276kcal	塩分0.1g
すきやき	278kcal	塩分0.1g
豆乳鍋	363kcal	塩分0.2g

ラーメン	塩ラーメン	みそラーメン
450kcal ▶塩分4.6g	454kcal ▶塩分4.6g	557kcal ▶塩分4.2g

チャーシューメン	タンタンメン	五目そば
560kcal ▶塩分6.1g	574kcal ▶塩分4.7g	616kcal ▶塩分4.4g

冷やし中華	冷めん	ソース焼きそば
595kcal ▶塩分3.5g	353kcal ▶塩分2.4g	646kcal ▶塩分4.0g

あんかけ焼きそば	かた焼きそば	炒めビーフン
731kcal ▶塩分2.9g	942kcal ▶塩分2.8g	534kcal ▶塩分3.0g

忙しいときにパパッと丼物のカロリーは？

鉄火丼	455kcal	塩分3.6g
イクラ丼	613kcal	塩分1.6g
ねぎとろ丼	701kcal	塩分0.3g
天丼	617kcal	塩分2.8g
うな丼	674kcal	塩分3.3g
そぼろ丼	622kcal	塩分1.8g
親子丼	609kcal	塩分2.7g
かつ丼	876kcal	塩分3.9g
中華丼	609kcal	塩分3.0g
天津丼	665kcal	塩分2.6g

・和食

豚のしょうが焼き（豚肉100g）	豚肉のみそ漬け（豚肉100g）	なすのはさみ揚げ（鶏肉75g）	鶏の照り焼き（鶏肉100g）
340kcal ▶塩分2.0g	270kcal ▶塩分1.8g	386kcal ▶塩分1.5g	235kcal ▶塩分2.6g

鶏肉とさといもの煮物（鶏肉100g）	アジの塩焼き（アジ80g）	サバの塩焼き（サバ100g）	サンマの塩焼き（サンマ100g）	ブリの照り焼き（ブリ100g）	イカの丸焼き（イカ150g）
329kcal ▶塩分2.6g	102kcal ▶塩分1.0g	207kcal ▶塩分2.0g	310kcal ▶塩分1.9g	279kcal ▶塩分1.6g	155kcal ▶塩分1.7g

カレイの煮付け（カレイ130g）	キンメダイの煮付け（キンメダイ100g）	イワシのしょうが煮（イワシ110g）	サバのみそ煮（サバ100g）	ブリ大根（ブリ80g）	サバの竜田揚げ（サバ80g）
190kcal ▶塩分1.7g	215kcal ▶塩分2.7g	256kcal ▶塩分2.5g	257kcal ▶塩分2.2g	289kcal ▶塩分2.0g	261kcal ▶塩分1.6g

タコの酢の物（タコ40g）	しめサバ（サバ60g）	かぼちゃの煮物	肉じゃが	冷ややっこ	揚げだし豆腐
52kcal ▶塩分0.7g	212kcal ▶塩分1.1g	141kcal ▶塩分1.0g	258kcal ▶塩分2.0g	85kcal ▶塩分0g	239kcal ▶塩分0.8g

肉豆腐	豆腐ハンバーグ	きゅうりとわかめの酢の物	菜の花の辛子和え	白和え	きんぴら
242kcal ▶塩分2.0g	245kcal ▶塩分0.8g	14kcal ▶塩分0.6g	35kcal ▶塩分0.9g	121kcal ▶塩分1.1g	79kcal ▶塩分0.9g

プチアドバイス

健康ダイエットのために必ずとりたい栄養素

たんぱく質
たんぱく質は、筋肉や血液などの体の根幹組織を形成するための重要栄養素。エネルギーを生み出すもとになり、生命維持にもダイレクトにかかわってきます。最低でも1日60gは確保しましょう。

カルシウム
骨や歯を丈夫にしたり、精神を安定させたりする栄養素。1日のどこかで必ずとりましょう。低脂肪牛乳なら200ml、普通の牛乳なら150mlを目標に。ヨーグルトやチーズ、小魚でも補給できます。

炭水化物
炭水化物は、糖質とも呼ばれます。炭水化物が分解されたブドウ糖は、人間活動に不可欠のエネルギー源。脳もブドウ糖がなくては働きません。とりすぎは禁物ですが、不足させないようにしましょう。

ビタミン・ミネラル・食物繊維
体のリズムを円滑にするために必要な栄養素。これらの栄養素を含む食品は、野菜、果物、いも、きのこ、海藻など。とくに、食物繊維を多く含むきのこ、海藻はダイエットの強い味方です。便秘解消効果も。

料理	カロリー	塩分
焼きなす	42kcal	▶塩分0.9g
かき揚げ	176kcal	▶塩分0g
だし巻き卵	134kcal	▶塩分0.9g
卵焼き	185kcal	▶塩分0.9g
茶わん蒸し	70kcal	▶塩分1.0g
温泉卵（卵Mサイズ）	71kcal	▶塩分1.1g

・洋食

料理	カロリー	塩分
目玉焼き（卵Mサイズ）	113kcal	▶塩分0.7g
ベーコンエッグ（卵Mサイズ）	194kcal	▶塩分0.9g
オムレツ	194kcal	▶塩分1.8g
アジフライ（アジ80g）	237kcal	▶塩分0.9g
カキフライ（カキ80g）	268kcal	▶塩分1.6g
エビフライ（エビ100g）	307kcal	▶塩分2.0g
ホタテフライ（ホタテ95g）	314kcal	▶塩分1.2g
ささみフライ（鶏肉80g）	267kcal	▶塩分0.7g
ピーマンの肉詰め（合びき肉50g）	208kcal	▶塩分1.3g
ハンバーグ（合びき肉100g）	348kcal	▶塩分2.2g

ランチの定番 パスタのカロリーは？

パスタ	カロリー	塩分
ジェノベーゼ	448kcal	塩分2.0g
和風きのこスパゲッティ	500kcal	塩分2.8g
ミートソース	600kcal	塩分2.9g
たらこスパゲッティ	603kcal	塩分3.0g
ボンゴレ	617kcal	塩分2.5g
ペスカトーレ	671kcal	塩分2.5g
クリームスパゲッティ	750kcal	塩分2.4g
カルボナーラ	866kcal	塩分2.3g
ペンネアラビアータ	474kcal	塩分2.1g
ラザニア	891kcal	塩分2.1g

料理	分量	エネルギー	塩分
ポークソテー	（豚肉100g）	398kcal	▶塩分3.2g
牛ステーキ	（牛肉150g）	768kcal	▶塩分2.2g
豚のヒレかつ	（豚肉100g）	351kcal	▶塩分1.1g
スコッチエッグ	（合びき肉50g）	393kcal	▶塩分0.7g
とんかつ	（豚肉100g）	467kcal	▶塩分0.9g
チキンかつ	（鶏肉130g）	502kcal	▶塩分1.2g
チーズかつ	（鶏肉100g）	511kcal	▶塩分1.3g
ロールキャベツ	（合びき肉75g）	242kcal	▶塩分1.5g
ビーフストロガノフ	（牛肉80g）	355kcal	▶塩分2.1g
鶏肉のクリーム煮	（鶏肉100g）	480kcal	▶塩分1.4g
ビーフシチュー	（牛肉100g）	482kcal	▶塩分2.5g
ローストビーフ	（牛肉80g）	163kcal	▶塩分1.1g
ローストチキン	（鶏肉160g）	434kcal	▶塩分2.0g
ラムチョップ	（ラム肉160g）	310kcal	▶塩分1.1g
スペアリブ	（豚肉140g）	590kcal	▶塩分2.6g
ミートローフ	（合びき肉75g）	172kcal	▶塩分1.1g
グラタン		420kcal	▶塩分1.4g
シーフードグラタン	（ホタテ、エビ、タイ150g）	429kcal	▶塩分2.0g

・中華

料理	分量	エネルギー	塩分
マーボー豆腐		261kcal	▶塩分1.9g
マーボーなす		238kcal	▶塩分1.1g
レバにら炒め		192kcal	▶塩分1.8g
チンジャオロース		251kcal	▶塩分1.6g
牛肉と青菜のオイスター炒め		299kcal	▶塩分2.4g
酢　豚		334kcal	▶塩分2.3g
ホイコーロー		426kcal	▶塩分1.8g
豚肉のキムチ炒め		266kcal	▶塩分1.8g
バンバンジー		234kcal	▶塩分1.0g
ギョーザ	（5個）	225kcal	▶塩分1.0g
揚げギョーザ	（3個）	239kcal	▶塩分0.5g
シューマイ	（5個）	251kcal	▶塩分1.2g
エビチリソース		165kcal	▶塩分2.4g

・おつまみ・酒

料理	分量	エネルギー	塩分
もつ煮込み		159kcal	▶塩分2.1g
ポテトフライ		129kcal	▶塩分0.6g
ボイルウインナー	（3本）	161kcal	▶塩分1.0g
手羽先の唐揚げ		148kcal	▶塩分1.0g
タコの唐揚げ		150kcal	▶塩分0.4g
ホタテのバター焼き		112kcal	▶塩分1.6g
アスパラベーコン巻き		119kcal	▶塩分0.5g
ジャーマンポテト		226kcal	▶塩分1.5g
生揚げの網焼き		382kcal	▶塩分0g
もろきゅう		58kcal	▶塩分1.0g
イカ刺し		62kcal	▶塩分0.2g
カツオのたたき	（カツオ75g）	122kcal	▶塩分1.4g
アジのたたき	（アジ80g）	101kcal	▶塩分0.2g
イカバター焼き	（イカ100g）	118kcal	▶塩分1.7g
イカリング	（イカ70g）	224kcal	▶塩分1.1g
焼きシシャモ		83kcal	▶塩分0.6g
スモークサーモン	（サーモン35g）	60kcal	▶塩分1.3g
サーモンマリネ		122kcal	▶塩分0.6g
アサリのバター炒め		51kcal	▶塩分1.6g

料理	カロリー	塩分
アサリの酒蒸し	18kcal	▶塩分1.3g
アスパラガスのバター炒め	48kcal	▶塩分0.8g
きのこのバター炒め	67kcal	▶塩分0.8g
なすとピーマンのみそ炒め	128kcal	▶塩分1.5g
ゴーヤチャンプルー	246kcal	▶塩分1.2g
冷やししゃぶしゃぶ（豚肉100g）	287kcal	▶塩分1.5g
豆腐ステーキ	170kcal	▶塩分0g
めかぶ	9kcal	▶塩分0.7g
もずく酢	13kcal	▶塩分1.0g
マグロの山かけ	162kcal	▶塩分0.1g
塩　辛	35kcal	▶塩分2.1g
イカ納豆	140kcal	▶塩分0.4g
キムチ	18kcal	▶塩分0.9g
もやしのナムル	31kcal	▶塩分0.6g
天ぷら（エビ20g）	50kcal	▶塩分0.1g
天ぷら（イカ30g）	90kcal	▶塩分0.2g
天ぷら（アナゴ65g）	190kcal	▶塩分0.2g
天ぷら（海鮮かき揚げ80g）	231kcal	▶塩分0.2g
天ぷら（さつまいも40g）	105kcal	▶塩分0g
天ぷら（なす30g）	106kcal	▶塩分0g
天ぷら（かぼちゃ40g）	109kcal	▶塩分0g
天ぷら（れんこん35g）	95kcal	▶塩分0g
天ぷら（まいたけ60g）	101kcal	▶塩分0g
おでん（こんにゃく30g）	4kcal	▶塩分0.3g
おでん（はんぺん40g）	45kcal	▶塩分0.8g
おでん（大根200g）	53kcal	▶塩分1.6g
おでん（がんもどき55g）	120kcal	▶塩分0.6g
おでん（ちくわ50g）	63kcal	▶塩分1.2g
おでん（ごぼう巻き50g）	70kcal	▶塩分1.4g
おでん（ロールキャベツ130g）	80kcal	▶塩分1.3g

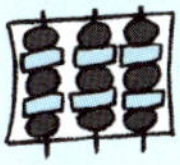

お酒との相性バツグン 焼き鳥＆串かつのカロリーは？

ねぎま	40kcal	塩分0.5g
砂肝	40kcal	塩分0.4g
レバー	45kcal	塩分0.4g
とりもも（塩）	92kcal	塩分0.4g
つくね	92kcal	塩分0.6g
皮	164kcal	塩分0.3g
串かつ（イカ）	54kcal	塩分0.2g
串かつ（エビ）	62kcal	塩分0.2g
串かつ（玉ねぎ）	59kcal	塩分0.1g
串かつ（しいたけ）	65kcal	塩分0.1g

飲む前にチェック！　お酒のカロリーは？

生ビールジョッキ（500ml）	202kcal
グラスワイン（赤・80ml）	58kcal
ウイスキー（水割り・30ml）	68kcal
ジントニック（75ml）	120kcal
日本酒（純米酒・１合）	185kcal
シャンパン（80ml）	58kcal
ウーロンハイ（焼酎60ml）	118kcal
梅酒（30ml、梅は除く）	45kcal

・汁物・スープ

料理	カロリー	塩分
みそ汁（アサリ）	26kcal	1.7g
みそ汁（豆腐、ねぎ）	53kcal	1.7g
豚汁	112kcal	1.9g
けんちん汁	106kcal	1.5g
つみれ汁	91kcal	1.9g
中華スープ	20kcal	2.0g
ワンタンスープ	186kcal	2.3g
韓国風わかめスープ	10kcal	2.0g
トムヤムクン	94kcal	2.2g
オニオンスープ	51kcal	2.0g
ミネストローネ	90kcal	2.0g
パンプキンスープ	160kcal	1.9g
クラムチャウダー	168kcal	2.1g
コーンポタージュ	182kcal	1.8g
トマトクリームスープ	205kcal	2.0g
ビシソワーズ	218kcal	1.8g

・サラダ

料理	カロリー	塩分
シーザーサラダ	120kcal	0.8g
コールスローサラダ	91kcal	1.0g
トマトと玉ねぎのサラダ	93kcal	0.8g
大根とホタテのサラダ	114kcal	0.8g
人参とレーズンのサラダ	97kcal	0.8g
ゆでブロッコリーのマヨネーズかけ	106kcal	0.3g
イタリアンサラダ	176kcal	1.2g
海藻サラダ	85kcal	0.9g
冷やしトマト	15kcal	0.5g
野菜スティック（マヨネーズ付）	96kcal	0.3g

・ファストフード・スイーツ（2025年2月現在）

ハンバーガー（マクドナルド）	259kcal
チーズバーガー（マクドナルド）	310kcal
フィレオフィッシュ（マクドナルド）	337kcal
ビッグマック（マクドナルド）	525kcal
てりやきマックバーガー（マクドナルド）	477kcal
マックフライポテト M（マクドナルド）	409kcal
チキンマックナゲット（5ピース）（マクドナルド）	258kcal
ホットアップルパイ（マクドナルド）	211kcal
サイドサラダ（マクドナルド）	10kcal
マックシェイク バニラ M（マクドナルド）	369kcal

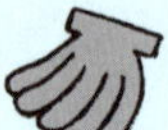

意外と高い？　フルーツのカロリーは？

フルーツ	カロリー	フルーツ	カロリー
バナナ（1本）	86kcal	なし	142kcal
みかん	32kcal	桃	85kcal
オレンジ	66kcal	いちご（3個）	10kcal
グレープフルーツ（½個）	38kcal	キウイフルーツ	42kcal
リンゴ	92kcal	マンゴー	102kcal

オリジナルチキン（ケンタッキーフライドチキン）	カーネルクリスピー（ケンタッキーフライドチキン）	チキンフィレバーガー（ケンタッキーフライドチキン）	和風チキンカツバーガー（ケンタッキーフライドチキン）	ビスケット（ケンタッキーフライドチキン）	コールスロー（M）（ケンタッキーフライドチキン）
218kcal	119kcal	398kcal	426kcal	200kcal	137kcal

フレンチクルーラー（ミスタードーナツ）	チョコファッション（ミスタードーナツ）	ポン・デ・リング（ミスタードーナツ）	ハニーディップ（ミスタードーナツ）	エンゼルクリーム（ミスタードーナツ）	ココナツチョコレート（ミスタードーナツ）
148kcal	318kcal	219kcal	216kcal	200kcal	268kcal

ハニーチュロ（ミスタードーナツ）	カスタードクリーム（ミスタードーナツ）	オールドファッション（ミスタードーナツ）	ストロベリーリング（ミスタードーナツ）
205kcal	222kcal	281kcal	251kcal

・食材

低脂肪牛乳（200ml）	牛　乳（200ml）	豆　乳（200ml）	ドリンクヨーグルト（200ml）	クリームチーズ（30g）	ブルーチーズ（30g）
84kcal	122kcal	88kcal	128kcal	約94kcal	約98kcal

チェダーチーズ（30g）	絹ごし豆腐（150g）	木綿豆腐（150g）	納　豆（40g）	卵（Mサイズ1個）	きゅうり（100g）
約117kcal	84kcal	108kcal	76kcal	85kcal	13kcal

トマト（200g）	玉ねぎ（100g）	ピーマン（30g）
40kcal	33kcal	6kcal

ブロッコリー（100g）	な　す（100g）	にんじん（100g）
37kcal	18kcal	35kcal

かぼちゃ（100g）	アスパラガス（3本）	ほうれん草（80g）
78kcal	13kcal	14kcal

大　根（100g）	ごぼう（50g）	もやし（100g）
15kcal	29kcal	15kcal

料理に欠かせない調味料のカロリーは？

小さじ1杯（5ml）のカロリー

砂糖	12kcal
しょうゆ	4kcal
みそ	12kcal
みりん	14kcal
米酢	2kcal
マヨネーズ	27kcal
ケチャップ	6kcal
ウスターソース	7kcal
豆板醤	4kcal
ワインビネガー	1kcal

※紹介した料理などのカロリーと塩分の数値は、『カロリー早わかりダイエット手帳』（永岡書店）、食材は「日本食品標準成分表 2020 年版（八訂）」を参考にしています。

賢く体を動かして快適にやせる！

運動で消費カロリー＆基礎代謝アップ！

基礎代謝量とは、生命を維持するために最低限必要なカロリー。
基礎代謝量は年齢とともに低下するので、運動量を上げないとカロリーの過剰摂取になります。
賢く体を動かして、消費カロリーと基礎代謝量をアップしましょう！

日本人の基礎代謝基準値と基礎代謝量

年齢	男性			女性		
	基礎代謝基準値（kcal/体重(kg)/日）	参照体重（kg）	基礎代謝量（kcal/日）	基礎代謝基準値（kcal/体重(kg)/日）	参照体重（kg）	基礎代謝量（kcal/日）
1～2歳	61.0	11.5	700	59.7	11.0	660
3～5歳	54.8	16.5	900	52.2	16.1	840
6～7歳	44.3	22.2	980	41.9	21.9	920
8～9歳	40.8	28.0	1140	38.3	27.4	1050
10～11歳	37.4	35.6	1330	34.8	36.3	1260
12～14歳	31.0	49.0	1520	29.6	47.5	1410
15～17歳	27.0	59.7	1610	25.3	51.9	1310
18～29歳	23.7	64.5	1530	22.1	50.3	1110
30～49歳	22.5	68.1	1530	21.9	53.0	1160
50～64歳	21.8	68.0	1480	20.7	53.8	1110
65～74歳	21.6	65.0	1400	20.7	52.1	1080
75歳以上	21.5	59.6	1280	20.7	48.8	1010

厚生労働省「日本人の食事摂取基準（2020年版）」より

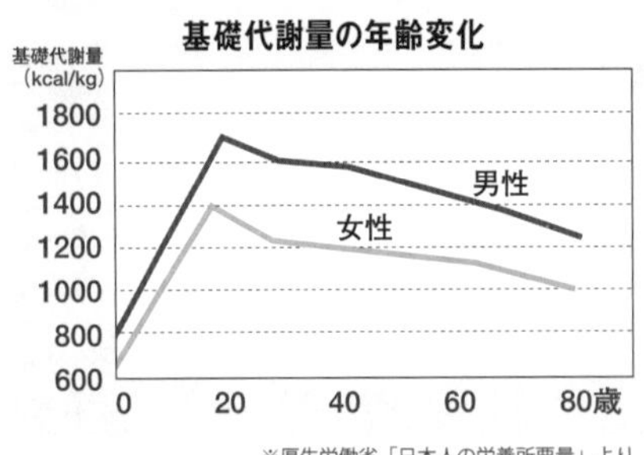

※厚生労働省「日本人の栄養所要量」より

人は静かに横たわっているだけでも、体温を一定に保ったり、呼吸をしたり、消化・吸収を行ったり、生命を維持するためにカロリー（エネルギー）を消費しています。これが基礎代謝量。基礎代謝量は、加齢に伴って低くなるため、30歳を過ぎてからも20歳代と同様に食べて、運動量も同じならば、カロリーの過剰摂取となり肥満をまねきます。基礎代謝量の低下を防ぐためには、毎日の運動を習慣づけ、筋肉を鍛え、体脂肪が燃えやすい体づくりを心がけることがポイントです。

・運動

「やせる」ためには食事からの摂取カロリーを減らして、運動で消費カロリーを増やすこと。それぞれの運動でどれくらいカロリーを消費できるのかを知ることで、ダイエットのモチベーションがアップします。

運動	時間	50kg	70kg
ストレッチ	【20分】	50kg→43kcal	70kg→61kcal
ウェイトトレーニング(軽・中程度)	【20分】	50kg→52kcal	70kg→73kcal
エアロビクス	【20分】	50kg→113kcal	70kg→158kcal
ヨ　ガ	【30分】	50kg→66kcal	70kg→92kcal
水泳(ゆっくりとクロール 約45m/分)	【20分】	50kg→139kcal	70kg→194kcal
水泳(平泳ぎ)	【20分】	50kg→173kcal	70kg→243kcal
ジョギング	【30分】	50kg→184kcal	70kg→257kcal
ランニング(134m/分)	【30分】	50kg→210kcal	70kg→294kcal
サイクリング(約20km/時)	【45分】	50kg→315kcal	70kg→441kcal
山を登る(約1～2kgの荷物を背負って)	【60分】	50kg→394kcal	70kg→551kcal
キャッチボール	【20分】	50kg→43kcal	70kg→61kcal
フリスビー	【20分】	50kg→52kcal	70kg→73kcal
ボウリング	【30分】	50kg→ 79kcal	70kg→110kcal
卓　球	【30分】	50kg→105kcal	70kg→147kcal
バドミントン	【30分】	50kg→118kcal	70kg→165kcal
テニス	【30分】	50kg→184kcal	70kg→257kcal
スキー	【60分】	50kg→368kcal	70kg→515kcal
ゴルフ(カートを使って)	【60分】	50kg→184kcal	70kg→257kcal

消費カロリーを把握しよう

運動や日常生活動作による消費カロリー量の目安は、身体活動の“強さ”を表す「METs（メッツ）」を使って算出することができます。「METs（メッツ）」とは、運動によるカロリー消費量が、安静時のカロリー消費の何倍であるかを示す単位。座って安静にしている状態が1METs、普通歩行が3 METsに相当します。

〈計算式〉

1.05×体重(kg)×METs×運動時間(h)
＝消費カロリー(kcal)

例）体重50kgの人が30分間、卓球(4METs)をした場合
1.05×50kg×4METs×0.5＝105kcal

※紹介した消費カロリー量は、この計算式から算出し、小数点第一位を四捨五入しています。

・生活

特別な運動をしなくても、日々の生活の中には体を動かしてカロリーを消費できるチャンスがいっぱい。階段の上り下りや散歩など、日常生活の中で積極的に行動して、無理せずに賢くダイエットしましょう。

活動	時間	50kg	70kg
歩く（81m/分）	【20分】	50kg→57kcal	70kg→80kcal
はや歩き（95～100m/分）	【10分】	50kg→34kcal	70kg→47kcal
散歩（54m/分未満）	【20分】	50kg→35kcal	70kg→49kcal
自転車に乗る（16km/時未満）	【20分】	50kg→69kcal	70kg→97kcal
階段を下りる	【5分】	50kg→13kcal	70kg→18kcal
階段を上がる	【5分】	50kg→34kcal	70kg→47kcal
食事	【30分】	50kg→39kcal	70kg→55kcal
入　浴	【20分】	50kg→26kcal	70kg→36kcal
シャワーを浴びる	【15分】	50kg→26kcal	70kg→37kcal
タオルで体をふく	【5分】	50kg→ 8kcal	70kg→12kcal
服を着替える	【5分】	50kg→ 8kcal	70kg→12kcal
歯を磨く	【5分】	50kg→ 8kcal	70kg→12kcal
立ち話をする	【10分】	50kg→15kcal	70kg→21kcal
寝転がってテレビ鑑賞	【60分】	50kg→53kcal	70kg→74kcal
読書をする	【60分】	50kg→ 79kcal	70kg→110kcal
ピアノを弾く	【20分】	50kg→43kcal	70kg→61kcal
一般的なオフィスワーク	【60分】	50kg→ 79kcal	70kg→110kcal
タイピング	【20分】	50kg→26kcal	70kg→36kcal
立って子どもの世話	【20分】	50kg→52kcal	70kg→73kcal
ペットの世話	【10分】	50kg→24kcal	70kg→33kcal
犬の散歩	【30分】	50kg→ 79kcal	70kg→110kcal
バスで移動	【20分】	50kg→17kcal	70kg→24kcal
自動車を運転	【20分】	50kg→26kcal	70kg→36kcal
スクーターやオートバイを運転	【20分】	50kg→43kcal	70kg→61kcal

家事

料理や掃除など、家事は意外に体を動かす立派な運動です。つま先立ちをしたり、いつもよりオーバーに体を動かすことで、消費カロリーはさらにアップします！

家事	時間	50kg	70kg
料理の下準備	【15分】	50kg→33kcal	70kg→46kcal
テーブルセッティング	【10分】	50kg→21kcal	70kg→29kcal
皿洗い	【10分】	50kg→19kcal	70kg→27kcal
ゴミ捨て	【5分】	50kg→11kcal	70kg→15kcal
洗濯物の片づけ	【5分】	50kg→10kcal	70kg→14kcal
アイロンがけ	【15分】	50kg→30kcal	70kg→42kcal
シーツの交換	【10分】	50kg→21kcal	70kg→29kcal
掃除機をかける	【10分】	50kg→29kcal	70kg→41kcal
床磨き	【20分】	50kg→66kcal	70kg→92kcal
風呂掃除	【10分】	50kg→32kcal	70kg→45kcal
部屋の整頓	【10分】	50kg→21kcal	70kg→29kcal
家具の移動	【10分】	50kg→50kcal	70kg→71kcal
荷造り	【20分】	50kg→35kcal	70kg→49kcal
植物への水やり	【10分】	50kg→21kcal	70kg→29kcal
庭の草むしり	【20分】	50kg→ 78kcal	70kg→109kcal
雪かき	【20分】	50kg→104kcal	70kg→146kcal

プチアドバイス

窓も自分もキレイになる！

窓をふきながらスクワット

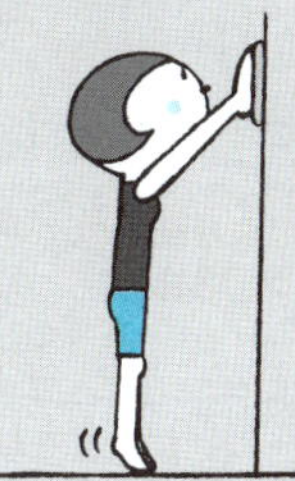

窓をふきながら立つ＆かがむの全身運動

タオルをもって、窓に向かい、かかとをつけて立つ。そのまま腰をおろし、窓をふきながら立ち上がる。この動作を２～３回くり返す。ゆっくり行うのが効果アップのコツ。

朝晩1回5分で
バッグンのおなかやせ効果！

ぺたんこおなか体操

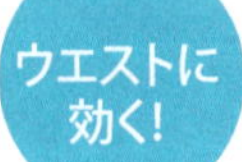

ウエストしぼり体操

1 基本

背筋をまっすぐ伸ばし、両足を肩幅に開いて立つ。手は胸の前で合わせ、ゆっくりと息を吸う。

2 体を右にねじって５秒キープ

ゆっくり息を吐きながら体を右にねじり、５秒間キープ。両手の合わさっている部分が常に胸の中心にくるように意識しながら、地面と平行に動かす。キープしている間は、呼吸を止めないで。

3 体を左にねじって５秒キープ

ゆっくり息を吸いながら①の基本姿勢に戻り、続いて息をゆっくり吐きながら、左に体をねじって５秒間キープ。①～③を朝晩10セット行うと効果的。

× 悪い例

足をもっていかれたり、腕だけ動かしたりしないように注意。ねじるときは、両足とも同じ力で踏ん張るのがポイントです。

ぺたんこおなか体操で ウエストがスッキリやせる理由

ウエストを引き締めるには、筋肉を鍛えることが不可欠。ぺたんこおなか体操は、腹部にある腹直筋、腹斜筋、腹横筋を鍛えるので、ウエストやせの効果が絶大！　しかも、１回５分なので、無理なく続けることができます。ポイントは、朝晩１日２回行うこと。朝の体操は効率よく筋肉を使うために、夜の体操は、疲れてゆるんだ筋肉を整えるために役立ちます。

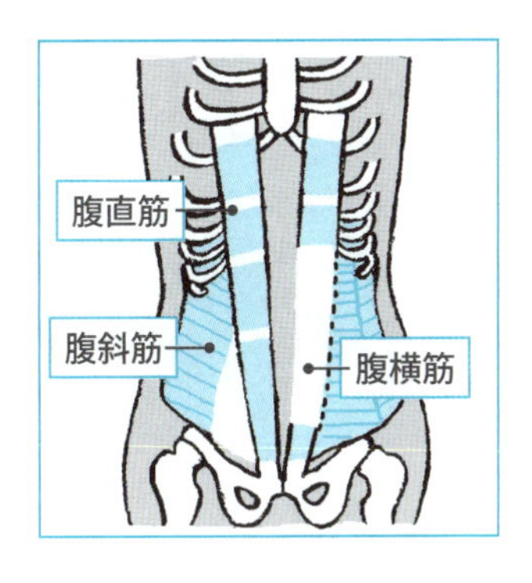

下腹部に効く！

かんたん椅子腹筋

片足を上げて30秒キープ

椅子に座り、腹筋を使って左足を地面から上げて30秒間キープ。足を上げる目安は、太ももを椅子から少しでも上げること。右足も同様に行う。腰がそらないように注意して。

慣れてきたら

両足をいっぺんに上げて、30秒間キープ。

悪い例

体が斜めになったり、背もたれに寄りかかったりしないように注意。常に腹筋を意識して行うのがポイントです。

生活習慣を改善して健康的にやせる！

生活の乱れが肥満をまねき、病気を引き起こす……

「メタボリックシンドローム」とは、体内のさまざまな代謝がうまくいかず、生活習慣病のリスクが高まっている状態。食べすぎと運動不足による肥満が元凶となります。規則正しい食生活、適度な運動、ストレスをためない生活習慣でメタボを解消して、健康的にやせましょう。

あなたもメタボ？

メタボリックシンドロームの診断基準

（2005年 日本内科学会算定）

腹囲（へそまわり）

男性
85cm
以上

女性
90cm
以上

①血圧	②血糖	③血清脂質
最高血圧（収縮期）130mmHg 以上または、最低血圧（拡張期）85mmHg 以上	空腹時血糖 110mg/dl 以上	中性脂肪 150mg/dl 以上または、HDL コレステロール 40mg/dl 未満

2つ以上当てはまる人は
メタボリックシンドローム

1つでも当てはまる人は
メタボリックシンドローム予備群

メタボをまねく「内臓脂肪型肥満」には要注意！

内臓脂肪は、落ちやすい脂肪

肥満には、皮下に脂肪がたまる皮下脂肪型と、メタボと関係の深い内臓脂肪型の２タイプあります。内臓脂肪型肥満は、内臓（とくに腹腔内)、つまりウエスト周辺に脂肪がたまるのが特徴です。内臓脂肪の蓄積によって病気が引き起こされやすくなった状態がメタボリックシンドロームで、動脈硬化、心筋梗塞、脳卒中や糖尿病などの生活習慣病のリスクがグンと高まります。
内臓脂肪はたまりやすいけれど、比較的落ちやすい脂肪です。「高たんぱく・低カロリー」の食生活、ウォーキングやジョギングなどの有酸素運動を行って内臓脂肪を効率よく落とし、気になるぽっこりおなかを解消しましょう！

［腹囲の正しい測り方］

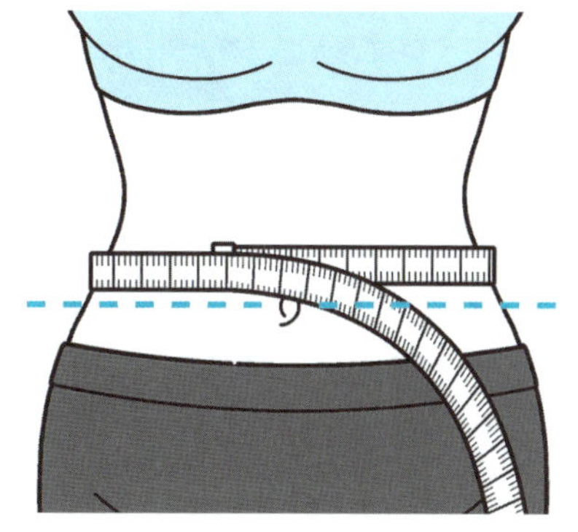

まっすぐ立った姿勢で、自然に呼吸をして、軽く息を吐いたときに、へその位置で腰まわりを水平に測ります。朝起きて食事をする前、排尿をすませてから、同じ時間帯に測定するのがベストです。

血圧は健康状態を測るバロメーター

【成人（75歳未満）の血圧の目標値】
130／80㎜ Hg 未満

血圧には、心臓が血液を大動脈に送るため最も収縮するときに血管にかかる圧力「最高血圧」と、血液を大動脈に送った後、最も心臓が拡張するときの「最低血圧」があります。診察室血圧で最高血圧140mmHg以上、または最低血圧90mmHg 以上なら「高血圧」と診断されます。高血圧は自覚症状を感じにくく、血管が血液の強い圧力で傷むことにより動脈硬化をまねき、さまざまな病気を引き起こす原因になります。
※書き込みページに、血圧を記録しておくと、健康管理に役立ちます。

▼血圧の基準値

診察室血圧に基づく血圧の分類

（日本高血圧学会）

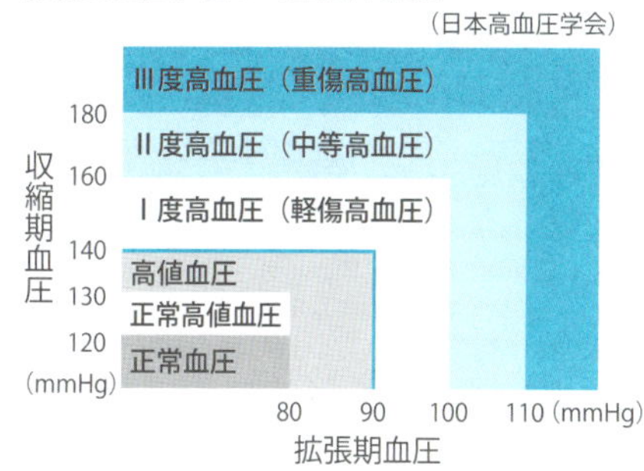

※「高血圧治療ガイドライン2019」より抜粋

あなたは、どの季節に太りやすい⁉

春夏秋冬ダイエットの落とし穴

「お正月太り」「夏太り」など季節ごとに太りやすいポイントがあります。
季節の変化による、ダイエットの落とし穴を知って
対策を立てましょう！

春 -Spring

ストレス食いに注意を！

進学、就職、異動など、新しい環境に変わる春。ワクワクするけれど、緊張感もいっぱい。歓送迎会など、外食する機会も多くなるでしょう。こうした生活の変化で、食生活が不規則になりがちです。
また、日が長くなるとともに活動時間が長くなり、体も疲れやすくなります。すると、ついつい夜遅くにスナック菓子やスイーツに手がのびてしまうことも。
規則正しい生活と3食食べる食生活をしっかりと守るようにしましょう。

夏 -Summer

夏バテが夏太りをまねく

夏場は、夏バテしないことが一番のポイントです。暑さで喉が渇きますが、果汁入りの甘いジュースやスポーツドリンクは、意外に高カロリー。水分補給は、水か麦茶にしましょう。
さらに、エアコンの効いた部屋にこもっていると、運動不足になりがち。基礎代謝がダウンする原因になるので、適度な運動を心がけるようにしましょう。その上、暑さで調理が面倒になり、コンビニ食などに頼ってしまう人も。栄養バランスにも十分気をつけましょう。

秋 -Autumn

食欲の秋は薄味を意識しよう

おいしい食材がそろう「食欲の秋」は、ダイエットにとっては辛抱の季節。「冬に備えて、分厚い脂肪を体にまとってしまう」なんてことのないよう、食生活によりいっそうの注意を払いましょう。
とくに、寒さが気になる季節を迎えると、味の濃いものが欲しくなり、食が進みがちになるので、なるべく薄味を意識すること。また、秋の夜長は、食べてしまうのを防ぐため、早く寝たり、趣味に時間を費やしたりする工夫も必要です。

冬 -Winter

イベント太りに気をつけて！

クリスマス、忘年会、新年会……イベント続きの冬は、とりわけ食べすぎ＆飲みすぎに注意したい時季。宴会が続くときは、早めに帰宅する口実をつくるなど、上手なおつきあい方法を工夫しましょう。
また、冬は寒さのために運動をする機会がグッと減ります。せめて、掃除や片づけなど、家の中で体を動かして活動量を上げる努力をしてください。消費カロリーが摂取カロリーを少しでも上回るようにして、冬太りを防ぎましょう。

やせやすい時期とやせにくい時期をチェック！

生理周期でダイエット効果アップ

女性の体は、周期的な女性ホルモンの分泌量の変化によって、
新陳代謝が活発になったり、水分をためこんだりします。
生理周期のプロセスを知って、効率よくダイエットをしましょう。

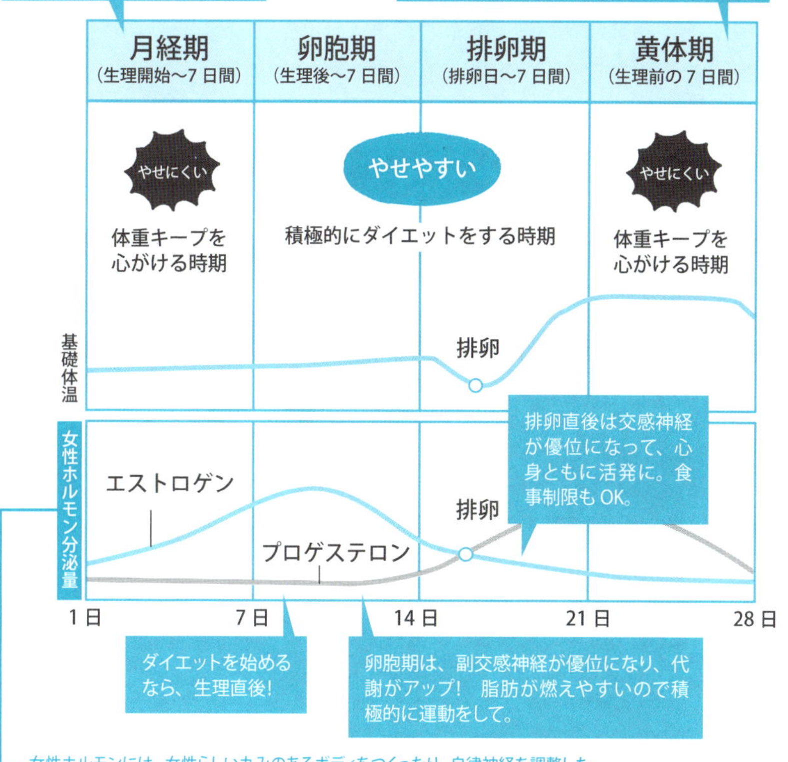

女性ホルモンには、女性らしい丸みのあるボディをつくったり、自律神経を調整したり、肌や骨などの新陳代謝を正常にする働きがあります。

監修者プロフィール

福田千晶（ふくだ　ちあき）

医学博士・健康科学アドバイザー

慶應義塾大学医学部卒業。東京慈恵会医科大学病院を経て、1996年より健康科学アドバイザーとして執筆、講演、テレビ・ラジオ番組などで活躍。日本リハビリテーション医学会専門医、日本東洋医学会漢方専門医、日本医師会健康スポーツ医、日本医師会認定産業医、日本人間ドック・予防医療学会 人間ドック健診専門医、日本人間ドック健診情報管理指導士。医療機関での外来診療、企業での嘱託産業医業務も担当。著書・監修書に、『老けずにやせる 朝昼タンパク質レシピ』（扶桑社）、『ホントはコワイ夏バテ51の対策』（日東書院本社）、『老いに負けない体をつくる 骨力・筋力・血液力をあげるおいしい食事』（主婦の友社）など。

【STAFF】

本文イラスト　かつまたひろこ、平林知子（125ページ）

本文デザイン　新沼寛子（TYPEFACE）

編集協力　加賀田節子事務所

校正　西進社

【参考文献】

『easydietらくやせ』辰巳出版／『書いてやせる！ カロリー＆ダイエットノート』永岡書店／『カロリー早わかりダイエット手帳』永岡書店／『harddietめちゃやせ』辰巳出版／『体脂肪を燃焼させるスロートレーニング』永岡書店／『1200kcalやせる献立』主婦の友社

メモするだけでやせる! 体調がよくなる!

90日つけるだけ 健康ダイエットノート

2025年 5月10日　第 1 刷発行

監修者　福田千晶

発行者　永岡純一

発行所　株式会社永岡書店

〒176-8518　東京都練馬区豊玉上1-7-14

代表 03（3992）5155

編集 03（3992）7191

ＤＴＰ　編集室クルー

印刷所　精文堂印刷

製本　ヤマナカ製本

ISBN978-4-522-44290-6　C0000